ベテラン社員さんがグッとくる “終わった人”にさせない会社

50·60代を輝かせる熟練社員活用指南書

社会保険労務士 川越 雄一 著

労働調査会

はじめに

「定年って生前葬だな」

内館牧子氏のベストセラー小説『終わった人』（講談社）は、このひと言から始まる。物語は、大手銀行の出世コースから子会社に出向、転籍させられそのまま定年退職を迎えた主人公が、定年前の立場とのギャップや再就職もままならない状況から、自分自身に投げかけたひと言だ。

私自身も今年58歳を迎え、同じくらいの歳の人たちは、定年を現実のものとして受け入れなくてはならない年齢となったし、すでに役職定年となった人も少なくない。そのようなこともあり、60歳を挟んだ定年前後の働き方・働かせ方が身近な問題として気になりだしたところである。

また、平成28年6月2日に閣議決定された「ニッポン一億総活躍プラン」においても、高齢者の就労促進は大きな柱として位置づけられた。

幸いなことに、中小企業では、定年前後で処遇のギャップはさほど大きくないし、経済的理由からもそう簡単に楽隠居《らくいんきょ》とはなりにくい。

というよりも、人手不足の中小企業では定年とはいえ、ほとんどの人はそのまま同じ仕事の継続雇用であり、そのような人たちの力なくして経営が成り立たない会社もある。さらに、業種によっては60代の従業員が主たる働き手というところも多く、定年云々《うんぬん》というより、いかに長くイキイキと働いてもらうかが、実のところ大きな課題だ。

そのためには、60歳直前になって、急に働き方がどうのこうの言っても間に合わず、定年前の50代をいかに元気づけ輝かせて、60代以降の雇用に備えることができるかということが重要である。そこで、本書においても50代の対策に多くの紙面を割いた。

もちろん、雇用関係は労使どちらか一方だけに権利義務を押しつけてもうまくいくものではなく、良好な関係の構築にはお互いの努力が必要である。また、その前提として職場の雰囲気を良くしておくことは、高年齢者のみならず、若年者や新規採用においても欠かせない。

そのような観点から、本書では高年齢者を法律上の義務として仕方なく雇用するのではなく、貴重な戦力として活躍してもらえるよう、人の気持ちへの配慮を中心に、法律や経営面とのバランスを図《はか》る構成となっている。

なお、今回は多くの60代・70代の方々や、その雇用者である会社の方にもお話を伺ったが、法律上の権利・義務という感覚はなく、いかにイキイキと働くか、働いてもらうかが大きな関心ごとだった。

働いている方は、人や会社の役に立つことに喜びを感じており、会社もそれを適切に評価するという良好な関係である。紙面の都合もあり、取材させていただいた中から7人の方を事例として巻末に紹介している。

本書が高年齢者をイキイキさせて、会社の成長発展を願う経営者、管理者の皆様に役立てていただければ、これ以上の喜びはない。

目次

目　次

第3章 50代を元気づけ輝かせて60代に備える――79

第4章 定年後のことは定年前に決めておこう――125

第6章　退職時は気持ち良く送り出そう

第1章

なぜベテラン社員が〝終わった人〟呼ばわりされやすいのか

本書では多くの会社で導入されている60歳定年、その後65歳までの継続雇用としての再雇用制度を前提に、50代・60代の従業員に光を当てて、いかにしてイキイキさせるかを提案していく。

ところで、50代・60代については、中年、高年齢者、熟年、シニアなどと様々な呼び方をされるが、本書では、長年の人生・職業経験に敬意を払う意味から、主に〝ベテラン社員〟と呼ぶこととする。

人は歳を重ねていくにつれ人の情けに弱くなるが、情緒に流されるばかりではなく、人の気持ちに加えて法律、経営面のバランスを考慮したベテラン社員の活用法、これが川越式定年・継続雇用手順だ。手順といっても小手先のノウハウではなく、働く人が会社から大切にされていることを実感できるよう、人を大切にするという労務の〝根っこ〟部分を重視している。

なお、その構成と各章のねらいは次のとおりだ（図表1）。

- 第1章（本章）では、50代・60代を取り巻く時代背景・問題点・課題などを取り上げる。
- 第2章では、定年前後の雇用関係をイキイキとさせるために、50代・60代のベテラン社員に対して、会社としてやっておくべきことを取り上げている。いわゆる、社内の地ならし・雰囲気づくりのポイントだ。
- 第3章では、定年の直前年代である50代に光を当てて輝かせ、60歳定年後の継続雇用をイキイキさせるために行っておくことを取り上げる。段取り八分というが、50代の働き方・働かせ方が60代の雇用に大きく物を言う。定年後の継続雇用へ向けた根回し段階だ。
- 第4章では、定年1年前ぐらいから定年時に行うべきことを取り上げる。定年についてのベテラン社員への切り出し方や年金制度など関係する制度を理解していく。さらに、定年後の継続雇用における労働条件決定の考え方を解説する。

図表1　川越式定年・継続雇用手順の全体構成

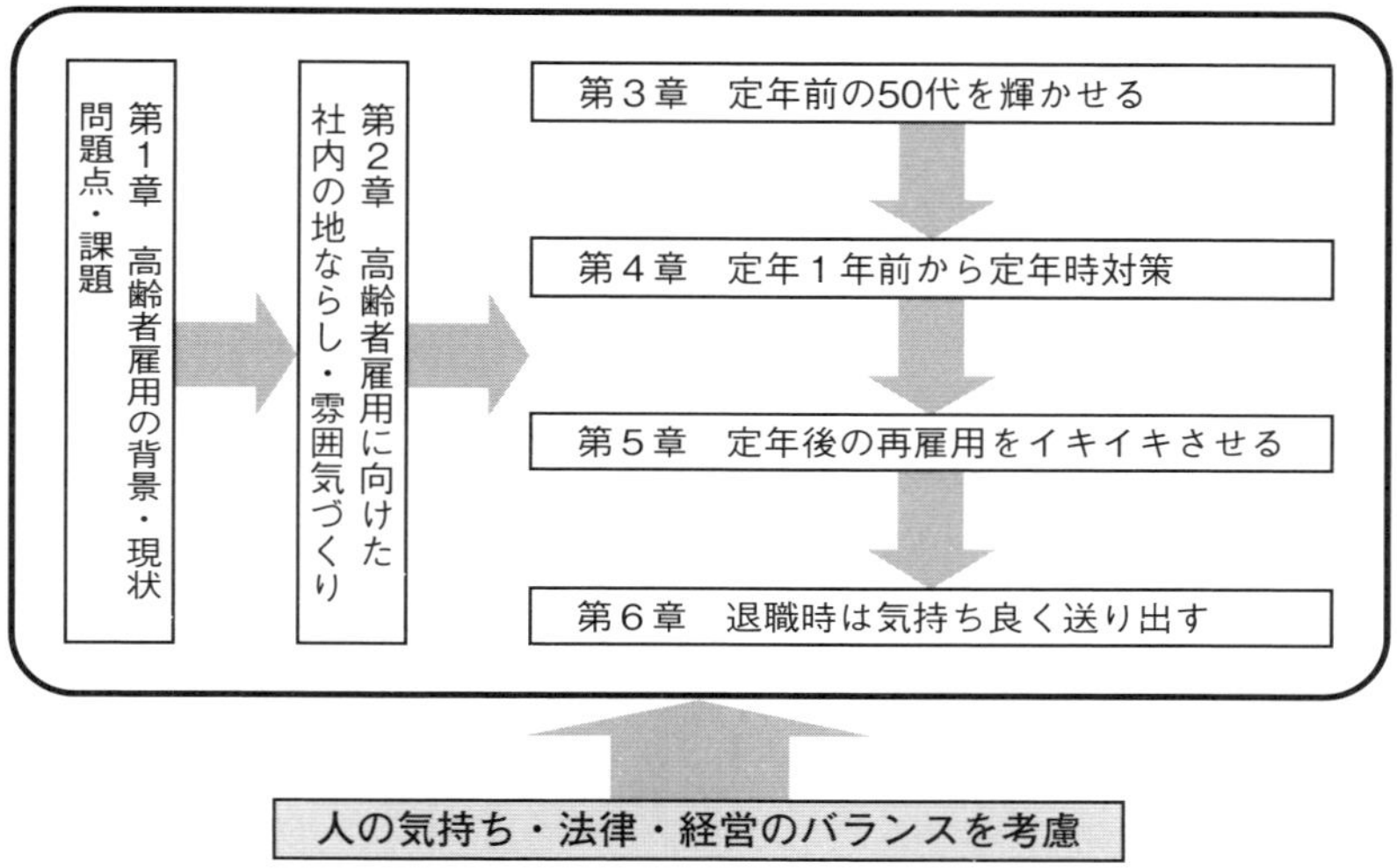

・第5章では、定年後の継続雇用期間をイキイキさせるために取り組むべきことを取り上げる。また、60代という年齢的特性や雇用契約形態、自分より若い二代目社長との関係に考慮しながら、ベテラン社員がグッとくる方策を提案する。

・第6章では、継続雇用期間も終了し、または継続雇用を希望せずに60歳で定年退職する場合に行うべきことについて取り上げる。定年時に限らず退職時はトラブルが起きやすいので、特に人の気持ち、法律、そして経営のバランスに考慮した方策を提案する。

・巻末の事例では、法律上の継続雇用義務である65歳を過ぎてもなお、イキイキと働く男女七人を紹介する。とかく消化試合のような関係になりがちな高齢者雇用のイメージは微塵《みじん》もない。七人の共通点としては、人や会社の役に立っていることに喜びを感じていることにある。まさに会社の宝、日本の宝だ。今回の事例が、働く人や雇う側である会社にとって何らかのご参考になれば幸いである。

1 肩を落とすベテラン社員

好き好《この》んで歳を取ったわけではないのに、ようやく年功序列の恩恵を受ける歳になったら、制度自体が否定され、言いようのない寂しさに、知らず知らずのうちに肩を落としてしまう。

❶ 〝終わった人〟とは

〝終わった人〟について明確な定義があるわけではないが、定年や役職定年などを機に、それまでイキイキとしていた人が閑職に追いやられたり無職になったりして、職業人としてだけではなく、社会という舞台の中心から退場させられたような状態の人ではないかと私はイメージしている。

◆小説『終わった人』

小説『終わった人』（内舘牧子著、講談社）の中では、大手銀行の出世コースから子会社に出向、転籍させられそのまま定年退職を迎えた主人公が、定年前の立場とのギャップや再就職もままならない状況を自ら〝終わった人〟と評している。

私も今年58歳になり、この小説は他人ごとではないし、自分自身も傍《はた》からそのように見られているのではないかとドキッとした。

この小説の主人公ほどではないにしろ、肉体的にはまだまだ元気なのに、60歳定年もしくは50代半《なか》ばなのに役職定年で第一線から退かされ、特段注目されることもなく、知らず知らずのうちに精神的にも萎《な》えてしまうことはよくある話だ。

◆会社によくいるこんな人

終わった人などとは決して良いイメージの言葉ではない。

私の持つイメージとしては、取りあえず会社に来るには来るが、これといった仕事もなく一日を何となく過ごし、当然、新しいことに挑戦することもなく、ガクッと肩を落としているような人だ。ひと口で言えば、やる気をなくし惰性《だせい》で勤めているような人である。

もちろん、終わった人かどうかなど自分ではなかなか自覚しにくいものだし、仮にそうであったとしても、どう生き得るかは本人の自由なのだから、本人が気にしなければ傍からどうこう言う話でもない。しかし、雇用する側からしてみれば少々迷惑だ。

◆一律に終わった人呼ばわりはいい迷惑

終わった人は心の持ちようによるところも大きいので、若くしてそうなってしまう人だっているし、50代・60代になっても前向きに頑張っている人も多い。だから、60歳になったからといって一律に終わった人呼ばわりされるのはいい迷惑なのである。

要は、年齢だけを基準にレッテルを貼ってしまうのはとても失礼な話なのだ。特に、50代・60代といえば歳を重ねて円熟した年頃であり、これから仕事にも円熟味が出てくる頃である。

どこからか「何が終わった人だ、何が高齢者だ！」と、怒りの声が聞こえてきそうだ。

❷ 年功序列制が悪いと言われても

年功序列制は好ましくない制度だと言われだして久しいが、実のところは熟練の技や経験が若手・中堅社員に継承されにくいなど、年功序列制を廃止したことによるデメリットのほうが大きいのではないだろうか。

◆あると思っていた明日がなくなり

若い頃に苦労をしておけば、歳を取った時に楽ができると信じられた昭和の時代は遠くなった。若い頃は賃金以上に仕事をしても、歳を取った時にそのぶんを精算してもらえる長期決済システムが成り立っていた時代である。

しかし、この合理的といえる制度がいつの頃からか、時代遅れの遺物というような汚名を着せられ、成果主義という得体のしれない、〝その都度決済システム〟になってきた。

結局、若い頃は明日を信じて苦労をし、少々は楽ができると思っていた年齢になった今も苦労が多い。

◆年功序列制が崩れて組織がギスギスに

たしかに、年功序列制によるデメリットもあるが、成果主義とやらで年功序列制がなくなることによるデメリットはもっと大きい。

まず、短期的に成果を上げなくてはならないので、長期的な人材育成が難しくなる。また、各個人が成果を出すことに走るため、先輩が後輩へ仕事を教えることも少なくなるなど、チームワークを築くことが難しい。さらに、目先の成果を得られる仕事だけに目が行きがちで、影に隠れた大切な仕事などをしなくなってしまうおそれがある。

特に、小さな会社では後輩が上司になったりすると、ベテラン社員は気持ちの収まりがつかず、組織がギスギスとなりやすい。

◆継承されにくい熟練の技・経験

人の能力は、ある年齢でピタッと止まったり下がったりするものではない。もちろん、若い人に比べたら記憶力や機動力は少々低下するかもしれないが、交渉力や調整力はかえって増してくる。

しかし、ギスギスした組織だと、先輩から後輩への仕事を引き継ぐという文化が薄れて、長年コツコツと積み重ねた、会社の財産である熟練の技や経験などが若手・中堅社員に継承されにくい。

人は人に教えたりすることにより自らも成長するものだ。しかし、少々パソコンが苦手だったり、小さな字が見えにくくなったりすると厄介者扱いされ、そうなると教えようという気もなくなってしまう。

❸ つらい立場のベテラン社員

ベテラン社員は、親の介護と子の教育という大きな負担がずっしりとのしかかる世代でもあり、会社でも家庭でもつらい立場にある。さらに、定年後の処遇などのことを考えると不安は募《つの》るばかり。

◆同年代で盛り上がるのは「3K話《ばなし》」

私の年代では友だちが数人集まった場で、話題として盛り上がるのは「3K話」である。健康（K）について、血糖値や血圧が高いだの低いだのと、これがお医者さん並みに詳しかったりするから驚く。次に介護

（K）については、ちょうどそれぞれ親の介護世代でもあり、何だかんだと悩みも多く、特に女性の場合は介護を一手に担うことも多いので深刻である。そして、髪の毛（K）だが、寄る年波には勝てず薄かったりなかったりと、ことのほか養毛・育毛対策には熱心だ。

さらに話が進むと「あと何年」、つまり会社に勤められる年数のことが話題になり、盛り上がった雰囲気が一気にしぼむ。

◆辞めるに辞められず

平均的な結婚、出産、寿命の年齢からすると、ちょうど今の50代・60代の世代が親の介護を担ったり、子の教育費負担をしていることが多い。

要は、精神的・肉体的負担に加えて経済的負担も大きいということだ。仮に子が大学を卒業していたとしても、就職せずに扶養家族のままだったりすれば、親としての悩みは尽きない。

また、楽しみにしていた年金は先へ先へと延ばされ、実際にもらえる年金額を見て、あまりの少なさにがっくり。

会社の中でも何となく煙たがられ、定年を機に仕事を辞めようと思うも、それもかなわない。

◆先が見えずに募る不安

小さな会社の人事・労務というのは、何となくブラックボックス的なところがある。定年後の処遇、場合によっては定年制度自体が社内でオープンになっていないことも少なくない。就業規則はあったとしても、ずいぶん前に作成したものであったり、門外不出で従業員の誰も見たことがなかったりすることだってある。

また、大手企業のように組織体制が確立されていないので、幸い昨日までの部下が上司になるようなことは少ないが、定年後の自分はどうなるのかが分からず不安が募るばかり。

小さな会社だと、こんなことは思っていても、なかなか従業員からは切り出しにくいものだ。

2 今、60歳以上の雇用はどうなっているのか

本書のテーマは、肩を落としがちになるベテラン社員をイキイキさせて、会社全体を活性化させようというものだ。

そこで、まずは高年齢者の雇用状況について、受け皿である会社における定年等の就労条件を、厚生労働省の「平成27年就労条件総合調査」をもとに見ていくことにする。

調査結果は、企業規模別、産業別に集計されており少々のバラつきはあるものの、総じて60歳定年で65歳まで継続雇用としての再雇用が一般的となっているようだ。

また、私が日常的に接している企業の実態とも、おおむね合致している。

なお、高年齢者の雇用については、高年齢者等の雇用の安定等に関する法律（本書では高年齢者雇用安定法という）が関係してくるが、これについては用語解説を含めて第2章第5節（65ページ）で詳述したい。

◆ほとんどの企業は定年を一律に定めている

定年制を定めている企業割合は92・6％となっており、そのうち「一律に定めている」企業が98・1％と多い。

また、企業規模30～99人では定年制を定めていない企業割合が9・8％となっている（図表2）。

図表2　定年制の有無、定年制の定め方

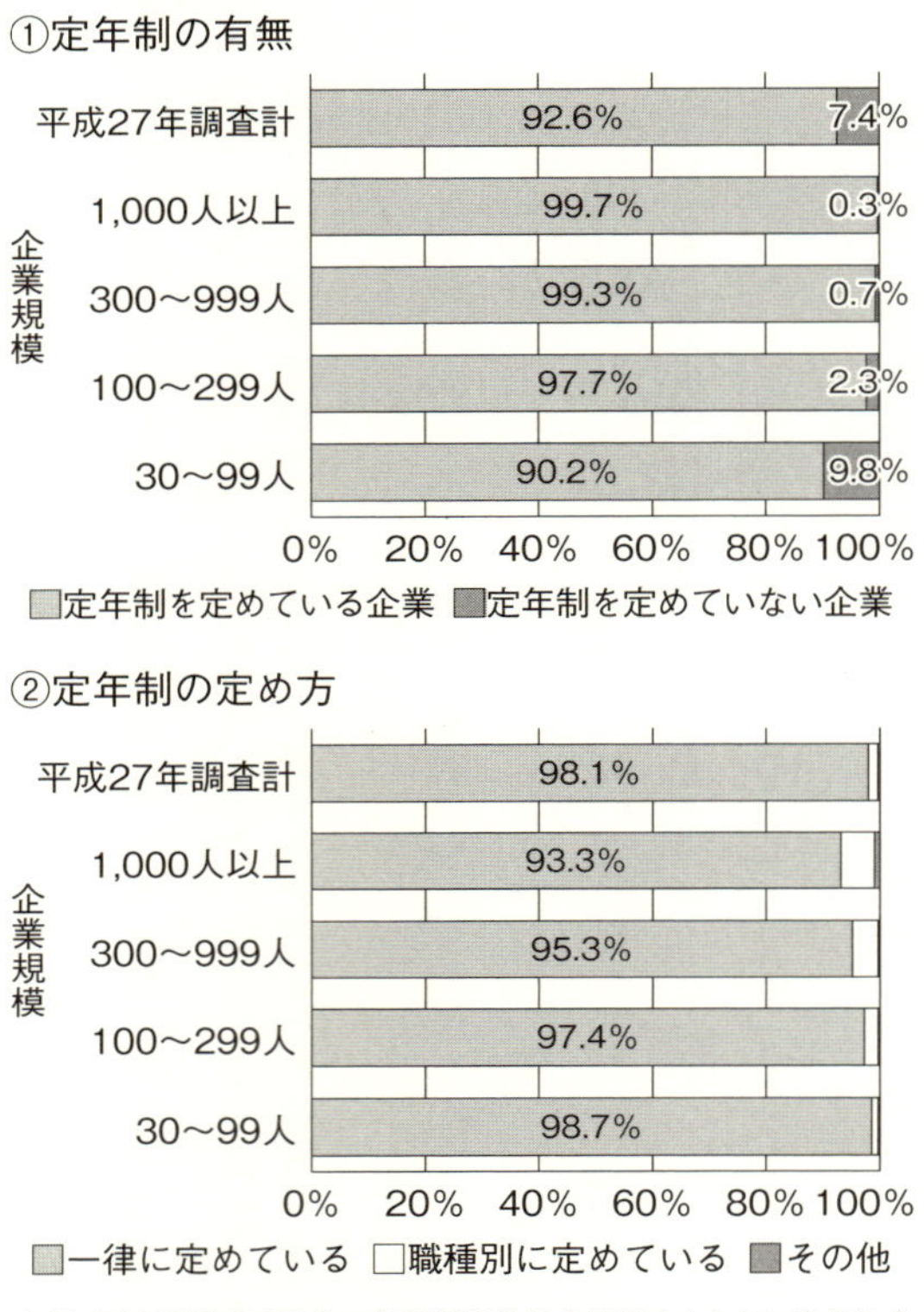

出所：厚生労働省「平成27年就労条件総合調査」をもとに筆者作成

◆一律定年制における定年の年齢は60歳が多い

一律定年制を定めている企業のうち、定年を「60歳」とする割合が80・5%と最も多く、ついで65歳が16・1%となっている。また、企業規模30～99人では「65歳」が19・2%となっている（図表3）。

◆60歳定年後の高年齢者雇用確保措置は再雇用制度が多い

一律定年制を定めている企業のうち、継続雇用制度のある会社が92・9%であり、そのうち81・9%は再雇用制度（勤務延長制度との併用を含む）となっている（図表4）。

◆継続雇用による最高雇用年齢は65歳が最も多い

定年後の継続雇用における最高雇用年齢を定めている企業のうち、勤務延長制度のある企業では65歳とする割合が78・3%、再雇用制度のある企業でも65歳とする割合が90・8%と最も多くなっている（図表5）。

図表３　一律定年制における定年年齢

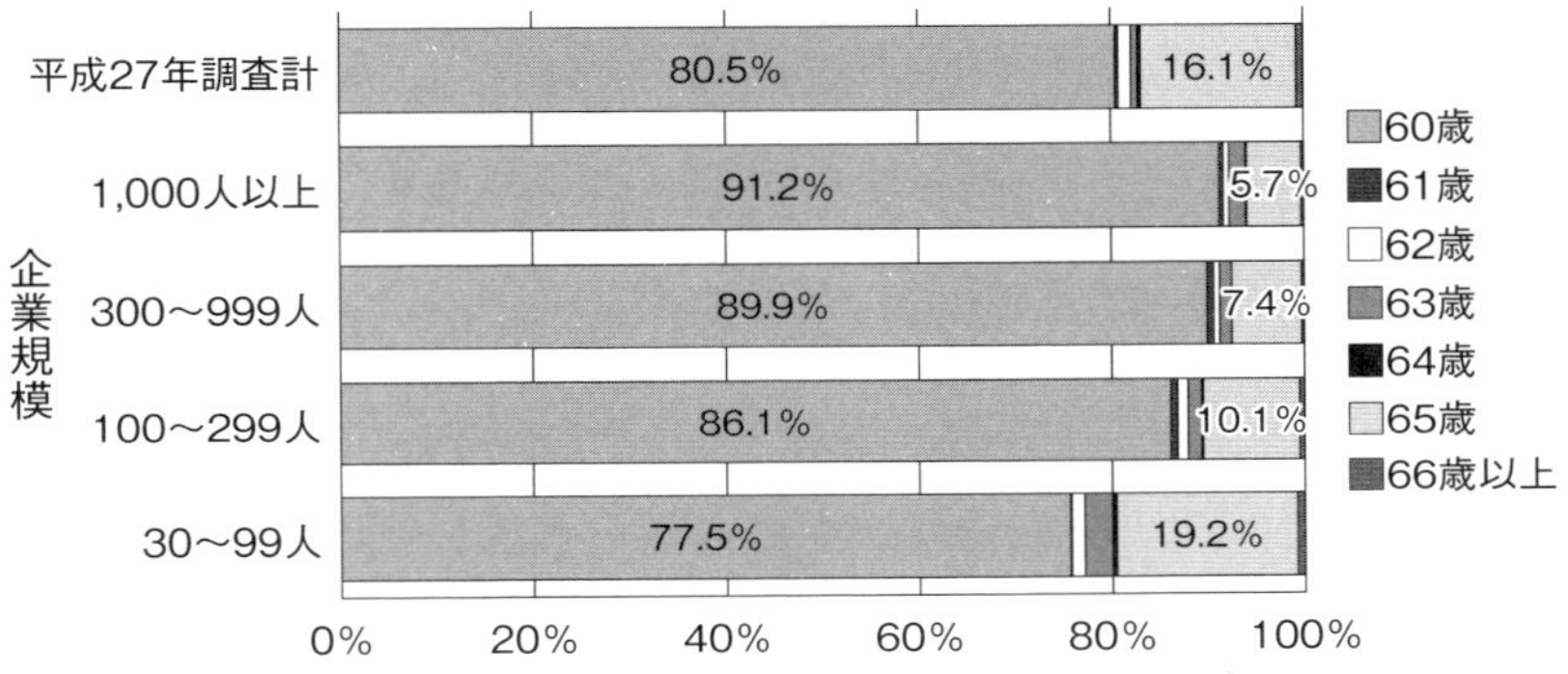

出所：厚生労働省「平成27年就労条件総合調査」をもとに筆者作成

図表４　60歳定年後の継続雇用制度の有無、種類

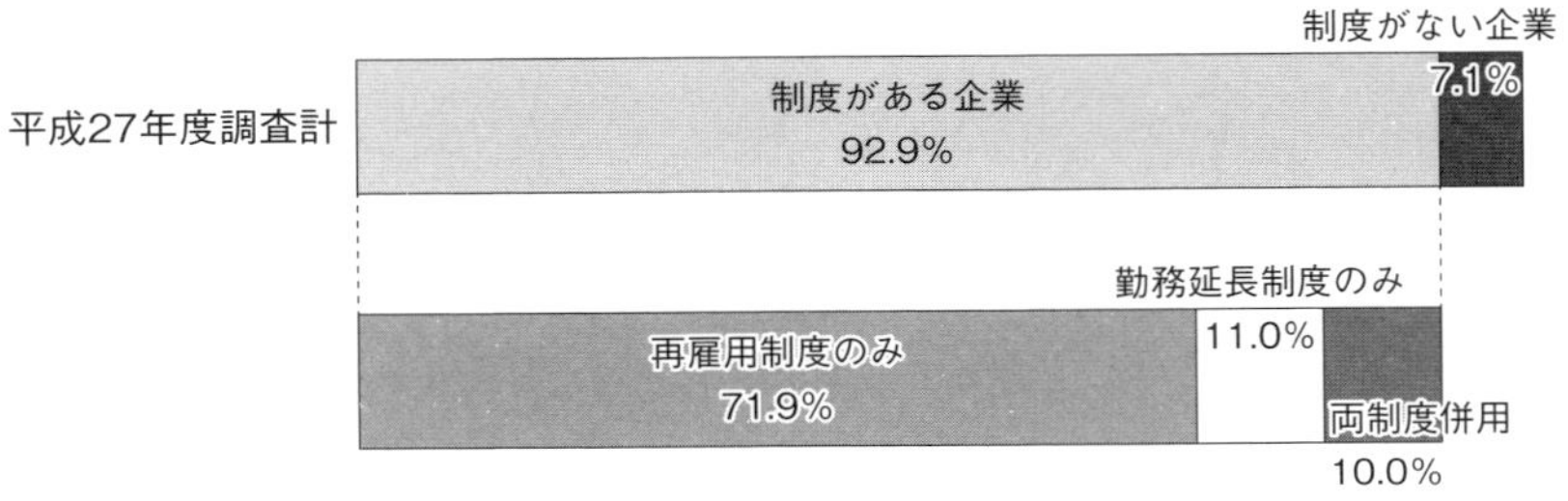

出所：厚生労働省「平成27年就労条件総合調査」をもとに筆者作成

図表５　継続雇用制度における最高年齢（規模合計）

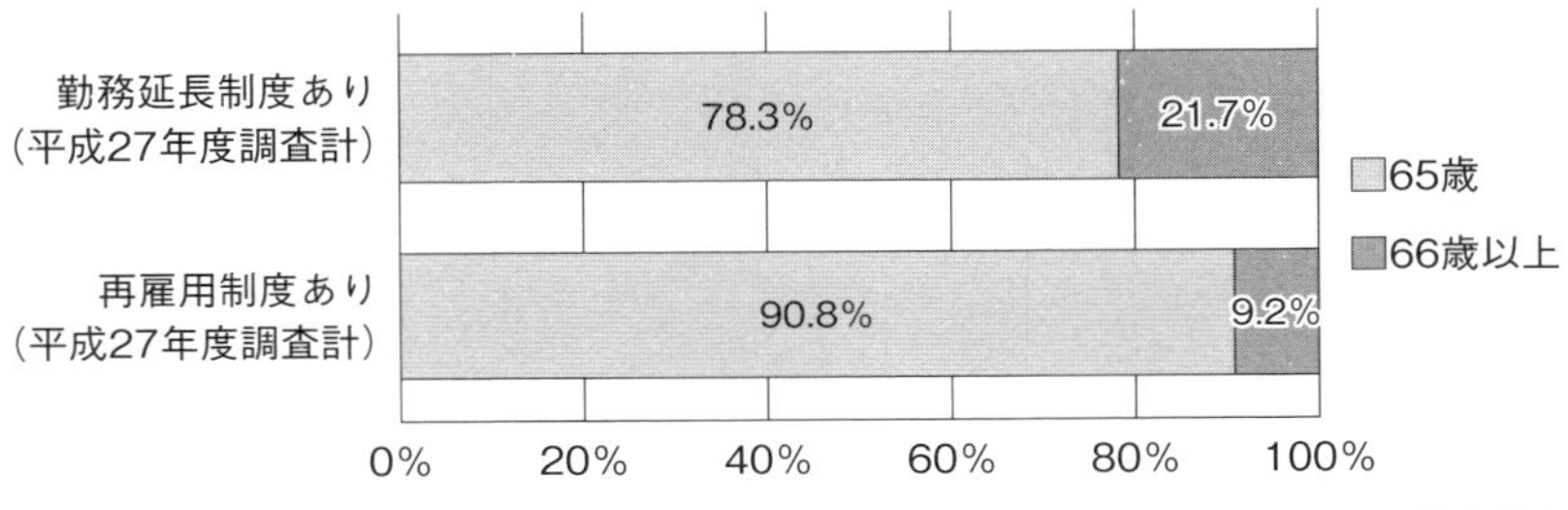

出所：厚生労働省「平成27年就労条件総合調査」をもとに筆者作成

3 消化試合になりやすい義務的再雇用

たしかに、中には定年でお引き取りいただきたいような人もいるかもしれない。しかし、法律で義務化されているからと、65歳まで仕方なくただ雇い続けることだってあり得る。当然、仕方なく雇うので、ただ在籍しているだけの消化試合のような雇用関係になりやすい。

さらに、定年を機に賃金を一律に引き下げてしまうと、そうでもない人までやる気をなくし、消化試合のような雇用関係に拍車がかかる。

このような雰囲気は、将来を担う若手従業員にとっても悪影響だ。

1 やる気を下げる賃金一律引き下げ

もちろん、賃金だけで仕事をしているわけではないが、仕事の内容も変わらず、賃金だけが一律6割程度となれば、やる気を維持しろというのが無理ではないだろうか。それに、一般に定年後の賃金は6割程度といっても、自社の賃金レベルを考慮しておかないと、やる気は一気に下がる。

◆定年前の2～5割減少の賃金水準

私は社会保険労務士という仕事柄、よく定年後の賃金についての相談に接するが、定年前の6割程度に下がることが多い。おそらく、雇用保険から支給される高年齢者雇用継続給付金を満額受給できる、賃金が61%未満に低下という支給要件を考慮されているものと思われる。

ところで、独立行政法人労働政策研究・研修機構の「60代の雇用・生活調査」（平成26年調査）によれば、定年後再雇用時に賃金が減少したとする人の割合が８割を超えており、うち半数超が賃金減少幅は２〜５割としていた。

◆納得していない人もいる

また、前出の調査によれば、賃金が下がったことについて、「雇用が確保されるのだからやむを得ない」が48・5％と、納得している人が多いものの、「仕事が変わらないのに賃金が下がるのはおかしい」と考える人が30・2％と少なくない。

もちろん、人は賃金だけで動機づけされるわけではないが、雇用関係において賃金が重要であることは継続雇用においても同じであり、一律に賃金を一定割合引き下げることは慎重に行う必要がある。

下手をすれば、「賃金が６割程度なら６割程度の仕事をさせていただく」ということにもなりかねない。

◆大手企業との違いを理解する

「定年前の６割ですよ」というのはよく聞く話だ。しかし、気をつけておきたいのは、下がる前の企業規模による賃金格差である。もちろん、規模は小さくても大手以上の賃金レベルの会社もあるとは思うが。

大手の場合は対象人数も多いので、ある程度画一的に取り扱う必要があるし、それでやる気をなくして辞められたとしても代わりがいるかもしれないが、中小企業の場合はそうもいかない。

厚生労働省の「平成27年賃金構造基本統計調査」によれば、賃金がピークとなる年齢階級は、男性ではすべての企業規模において50〜54歳となっている。企業規模別にみると、大企業（千人以上）で５１４万８千

図表6　企業規模別、性、年齢階級別賃金

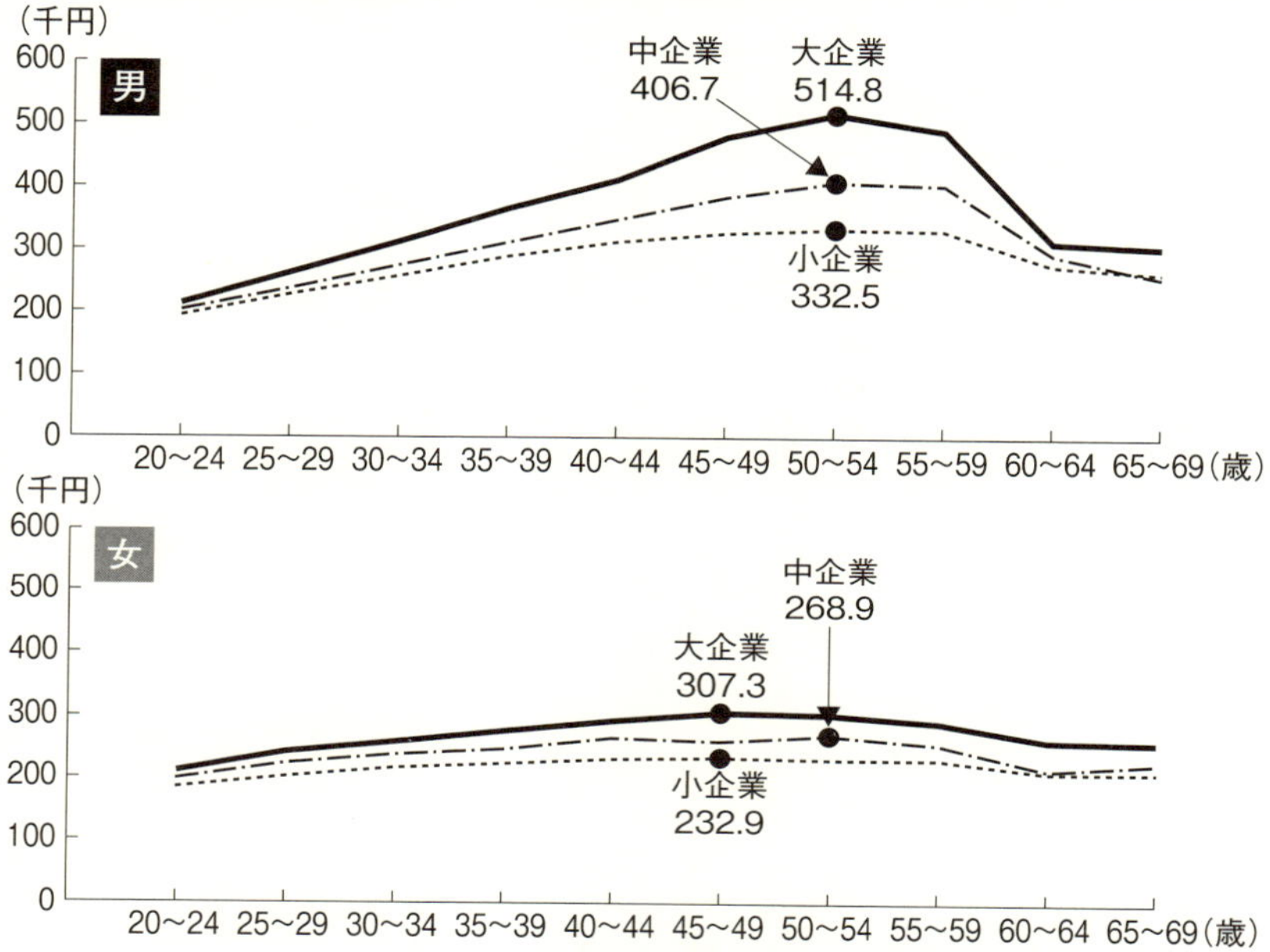

出所：厚生労働省「平成27年賃金構造基本統計調査」

円、中企業（１００〜９９９人）で４０６万７千円、小企業（10〜99人）で３３２万5千円となっている。なお、この数字には賞与は含まれていない（図表6）。

◆各都道府県の相場を確認する

ここで取り上げた賃金額は全国平均だが、企業規模による大体の格差は理解できる。

もし、都道府県別のデータが必要な場合は、厚生労働省の「賃金構造基本統計調査」結果をご覧いただきたい。インターネットで「賃金センサス」と検索していただくと「政府統計の総合窓口」にて最新版のエクセルデータが無料で入手できる。このデータは都道府県別・性別・企業規模別など、年次ごとに細かく集計されている。

❷ 仕方なく雇うから、ただ在籍するだけの人になる

法律上は雇用義務があるからと、やる気のない従業員を仕方なく雇うという発想では、仕事のできる人には辞められ、そうでもない人ばかりの組織になってしまう。

◆やる気のない人でも雇用義務がある

平成25年4月に改正高年齢者雇用安定法が施行され、原則として65歳までの雇用義務が課されるようになった。

もちろん、平成37年3月までは経過措置として、要件を満たせば雇用義務対象者から外すことはできるが、要件の中にはやる気の有無はない。つまり、やる気がなく惰性で勤務する人も雇用義務があり、仮に辞めてもらうとすれば解雇扱いとなる。

当然、解雇扱いとなれば、解雇に「客観的に合理的な理由があり、社会通念上相当であると認められること」という高いハードルをクリアすることが必要だ。

◆中小企業にはただ雇うだけの余裕はない

人は不思議なもので、会社が仕方なく雇用しているという素振《そぶ》りを見せると、働く方だって開き直り、「どうせ仕方なく雇っているのなら」と、さらにやる気をなくしてしまうことだってある。

大手であれば、仮にやる気をなくした人であっても、それなりの仕事はあるだろうし、5年間の辛抱だと割り切って雇い続けることも可能かもしれない。

しかし、カツカツの人員でやっている中小企業では、ただ在籍するだけの人を雇い続ける余裕はなく、元気なうちは、戦力として頼らざるを得ない。

◆下手をするとできる人から辞めていく

こちらの思いどおりにならないのは世の常だが、雇用関係でも同じことで、ただ在籍するだけの人に限って転職は厳しいので、自己都合で辞めてくれることは少ない。それを無理して退職に追い込もうとすれば、もめることは必至だ。

一方、できる人は他社からも声がかかるわけで、屈辱的な賃金等の労働条件引き下げに甘《あま》んじて勤め続けることは少なく、定年を機にさっさと辞めてしまうこともある。

そして、転職先もしくは起業する場合は同業種であることが多いので、手ごわいライバルとなってしまう。小さな会社だと、これが致命傷になりかねない。

❸ 若手にとっても〝明日は我が身〟

高齢になると誰しも体力が衰えたりして、職場においても、のけ者にされがちだ。一見、若手従業員も同調するような顔をするが、実のところ彼らにとっても〝明日は我が身〟であり心中穏やかではない。

◆たしかにイヤな人もいる

私も60歳近くになって思うが、やはり歳を取ると頑固になり怒りっぽくもなる。また、思ったことをそのまま口にしたり、新しい世相に眉《まゆ》をひそめたりすることも多い。

それに、私はやっていない（と思う）が、指をなめて書類をめくったり、加齢臭を撒《ま》き散らしていたりと、どう見ても小綺麗《こぎれい》とはいえないようなことを気づかずにやっていたりする。

仮に経営者が代替わりして若かったりすれば、雇用し続けること自体イヤなはずだ。

もちろん、個人差があるので読者の中には、「自分はそんなことはない」とおっしゃる方も多いとは思うが。

◆みんな見ている会社の対応

従業員というのは、経営者が考えている何倍も会社の人事の対応を見ているものだ。

仮に、やる気がなく面倒なベテラン社員がいて、若い従業員から定年を機に何とかしてほしいというような雰囲気があったとしても、辞めさせる目的で恣意《しい》的な人事を行うと失敗してしまう。

当の本人もさることながら、他の若い従業員にとっても明日は我が身なのである。従業員であれば、誰しもがいずれは迎える定年だ。「うちの会社って、ああやって追い出すのね」と思われると会社自体の雰囲気がとても悪くなってしまう。

◆消化試合になって困るのは会社

会社がイヤイヤ雇っていると、つい余計なことを言ったりするが、このような雇用関係は決して好ましいことではないし、今の時代は下手をするとパワハラ呼ばわりされることもある。

義務的に雇えば消化試合のようになりやすいが、そうであっても雇用は雇用であり賃金の支払いや使用者責任は発生する。こんな消化試合のような働きに賃金を払うのは実にもったいない。

だったら、童話『北風と太陽』で太陽が旅人のコートを脱がせたように、ベテラン社員の存在を認めて温かく包みこみ、その気になってもらったほうが、他の若い従業員のためにもプラスになるというものだ。

4 ベテラン社員の〝終わった人化〟は会社の大損失

募集してもなかなか人が集まらず、慢性的に人手不足の中小企業において、長年勤続してくれているベテラン社員は欠かせない戦力であり、その人たちの〝終わった人化〟は会社にとって大損失だ。

だから、定年を生前葬ではなく、飲み会でいうところの「中締め」と捉え、一日でも長くイキイキと働いてもらうことが必要なのである。

1 振り向けば誰もいない中小企業

中小企業は従来から求人をしても人が集まりにくかったが、ここにきて企業の人手不足感はさらに高まり、有効求人倍率も高倍率で推移している。実際のところ、定年で辞めてもらおうと思っても、あとを担《にな》ってくれる人がいない。

◆募集しても人が集まらない

厚生労働省の「労働経済動向調査」（平成28年5月時点）によれば、労働者過不足判断D．I．が「調査産業計」で正社員等労働者は32ポイントと20期連続、パートタイム労働者は31ポイントと27期連続して、それぞれ不足超過となっている。また、正社員等労働者、パートタイム労働者ともにすべての産業で不足超過となった。

労働者過不足判断D.I.とは、労働者が「不足」と回答した事業所の割合から「過剰」と回答した事業所の割合を差し引いた値だが、値が高いほど不足感が高いことを示している（図表7）。

また、同省の平成28年4月の有効求人倍率は1・34倍で、就業地別の有効求人倍率（季節調整値）は、平成17年2月の集計開始以来初めて、すべての都道府県で1倍を上回った。

有効求人倍率が1倍を超えると求人難といわれているが、1・34倍だとかなりの求人難である。それに、これは全業種の平均であり、建築・土木・測量技術者、サービス業などはもっと深刻だ。

このようなことから、実際に中小企業の採用現場においては、求人をしても人が集まらず、人手不足は統計の数字以上に深刻化している。

◆一握りのベテラン社員と多数の新人

せっかく苦労して採用しても早々に辞められてしまい、愚痴《ぐち》の一つも言いたいところ。「まったく最近の若いやつは……」。

辞める理由はいろいろあるだろうが、一つには、今の若い人たちは理不尽さに慣れていないということが考えられる。今は昔と違って、家庭や学校で理不尽な思いをすることが少なく、耐性ができていないのかもしれない。そのような状況で、ちょっとでも理不尽なことを言われると拒否反応を示しやすいのだ。

結局は定年近くまで頑張ってくれている一握りのベテラン社員と、入って間もない多くの新入社員という社員構成の中小企業は少なくない。これで、ベテラン社員がやる気をなくしたり、定年で早々に退職されたら会社の存続も怪しくなる。

図表７　雇用形態別労働者過不足判断 D. I. の推移（調査産業計）

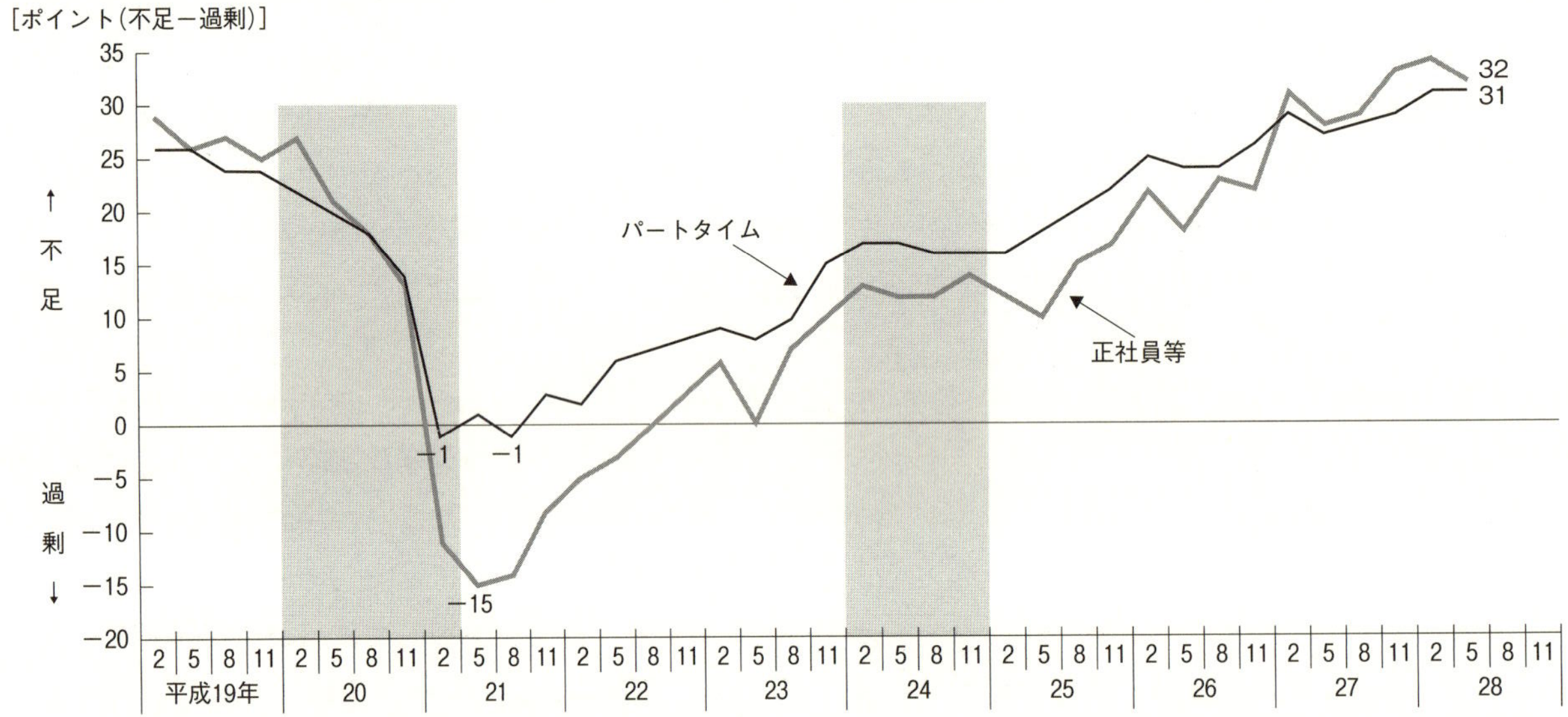

注：１)「正社員等」については、平成19年11月調査以前は「常用」として調査していたため、平成20年２月調査以降の数値とは厳密には接続しない。
＊「常用」……雇用期間を定めないで雇用されている者をいう。パートタイムは除く。
＊「正社員等」……期間を定めないで雇用されている者又は１年以上の期間の雇用契約を結んで雇用されている者をいう。パートタイムは除く。
２）平成20年11月調査以前の数値は「医療、福祉」を含まないため、平成21年２月調査以降の数値とは厳密には接続しない。
３)「労働者過不足判断D.I.」とは、「不足」と回答した事業所の割合から「過剰」と回答した事業所の割合を差し引いた値である。
４）無回答を除いた集計による。

出所：厚生労働省「労働経済動向調査」

❷ 経験・熟練は金で買えない会社の財産

経験・熟練などというのは目に見えないが、会社にとってこれほどありがたいものはない。

新規に人を雇えば、大なり小なりリスクを伴《ともな》うが、実績のあるベテラン社員はリスクも少なく安定したリターンをもたらす金のなる木のようなものだ。

◆普通の仕事は経験が物を言う

「うちは特殊だから」とおっしゃる経営者は多いが、中小企業では独創性とか創造性とかいうよりも、コツコツとした経験が物を言う仕事が多い。

こういう経験は、歳を取ったからといって急に衰えることは少なく、かえって円熟味を増してくる。

今は、大手企業でも考えられないようなミスを起こし謝罪会見が繰り返されているが、その原因はベテラン社員の喪失により経験・熟練の技などがうまく引き継がれていないことも一因ではないだろうか。

一度失われた信用を取り戻すのは大変なことだ。

◆勤続年数は会社の投資

私は毎年仕事始めの日に、職員たちへ対して「皆さんが経験を1年ずつ積まれたことは、事務所の財産であり大変ありがたく思っております」と話している。

今、私の事務所には私を含めて7人の職員がおり、長年勤務してくれている。これは毎年7年分の経験というものに投資ができたことになるわけで、事務所全体で考えれば、経験7年選手を毎年採用できているのと同じようなことだ。当然、この投資は業務の効率化・正確化というリターンをもたらしている。ただし、この投資はさほど金銭的負担がないので大変ありがたい。

だから、定年近くまで勤務して経験を積んだベテラン社員を喪失することは、会社にとって大きな損失なのである。

◆トータルで良ければ良しとする

たしかに、歳を重ねて60歳近くになれば、少々業務能力が落ちたり、勤務態度が横柄《おうへい》になったりすることもあるかもしれない。しかし、入社した時から今まで、何らかの形で会社へ貢献してくれたはずだ。そうでないと、中小企業に定年までは勤めることはできない。

だから、入社した時から今までの働きをトータルで評価してみてはどうだろうか。人の評価というのは、どうしても直近のイメージで捉えやすいが、思い起こせばそれなりの貢献はあったはずだ。

このように評価すれば、経営者の株は社内でもグンと上がる。

❸ 定年は「中締め」のようなもの

例えは悪いが、雇用関係を飲み会に例えれば、定年は「中締め」のようなものではないだろうか。

だから、中締めと同じで定年後の選択肢を明確にしておくことはお互いにとって意義がある。

◆「定年って生前葬だな」になりにくい中小企業

小説『終わった人』の冒頭で、主人公が「定年って生前葬だな」とつぶやくが、たしかにありそうな話だ。

実際、私の同級生でもたまに会うと「あと何年か」と、生前葬までの年数を口にするのがいる。しかし、それは定年もしくは55歳あたりの役職定年を機に仕事内容や賃金がガクンと下がる大手の話ではないだろうか。

一方、中小企業では定年とはいえ、そう簡単に生前葬などしてもらえず、どちらかといえば飲み会の中締めみたいなもので、引き続き現役並みに勤務する人も多い。

◆飲み会でいうところの中締め

飲み会は乾杯で始まり、あれこれ楽しんで中締めとなる。中締めといっても、まだ時計の針は9時を回ったばかりだし料理だって残っている。ここで帰るのも惜しいというもの。

そこで、残った料理をつまみにその場で飲みなおすも良し、場所を変えて二次会へ行くも良し、もちろん帰っても良し。近頃、私の周りでは二次会三次会と場所を転々とするより、その場でじっくりと飲むスタイルが多くなったが、そういう時代なのだろうか。

何より中締めがあることにより、残る人も二次会へ行く人も、そして帰る人もお互いに気兼ねせずに済む。

◆定年後の選択肢は3つ

飲み会の中締め同様、定年時にも3つの選択肢がある。

まず、その会社で再雇用または勤務延長により勤務を続ける選択だが、中小企業ではこれがいちばん多い。次に、関連会社への転籍、全く違う会社への転職または起業だ。そして、定年を機に退職して職業生活にピリオドを打つ選択である。

どれを選択するかは、飲み会の中締めと同じで本人の自由であり、あくまで選択権は本人にあるのだ。こちらは定年後も引き続き勤めてくれるだろうと思っていても、本人には全くその気がないことだってある。

もちろん、会社にも選択権がないわけではないが、今は65歳まではほとんどないに等しい。

労務小話

第1話　年配

八五郎の女房・和子（通称おかず）、亭主同様に人はいいが少々おっちょこちょい。子供が小学校に上がるのを機にパートで働きだして早一年。今年から総務部ってとこで、人事関係の補助をすることになった。ところが、人事関係の言葉は難しく分からないことばかり。そこで、近所に住む物知りのご隠居さんを訪ねた。

おかず　こんちはー、ご隠居さんいらっしゃいますか。
ご隠居　おぅ、おかずさんかい、久しぶりだが何か用かい？
おかず　今年から、人事ってやつの補助の仕事をしてるんですが、これが結構大変なんですよ。
会社には、50代60代の社員が多いんです。それで今度、何か気の効いた呼び方はないかと検討中なんですよ。シニアやシルバーとかよく聞くんですが、やっぱり日本語がピンとくるんじゃないですか。例えば年長とか年配とか。
ご隠居　年長はともかく年配というのはどうも抵抗があるな。まぁ、わしはアップルパイが好きじゃがな。
おかず　ご隠居さん、またまた面白いことをおっしゃる。でも、それって英語でしょ。
ご隠居　いや、リンゴじゃ。

（つづく）

第2章

ベテラン社員を〝終わった人〟にさせない地ならし・雰囲気づくり

本章のポイント

一、理由は何であろうと働き続けることは尊い
二、ベテラン社員をその気にさせる３つの適切化
三、会社を好きになってもらう
四、経営者家族は仲睦まじくして社内を安定させる
五、高年齢者雇用安定法等との折り合いをつけておく
六、自社の現状と将来を把握しておく

ベテラン社員がやる気をなくし、終わった人にならないようにするためには、まず高齢者雇用に向けた社内の地ならし・雰囲気づくりが必要になる。

【人の気持ち視点】

何だかんだ小難しいことを言ったところで、結局のところは従業員を65歳まで雇用することになる。それならば「元気なうちは働いてよ」のひと言で、その気にさせたほうが現実的だ。

また、ベテラン社員に会社を好きになってもらう必要があるが、これについては安心感を持たせ、約束を守り、バランス感覚を持った対応が重要である。

【法律の視点】

守るべき法律は守っておかないと、イザという時に誰も味方をしてくれないので、高年齢者雇用安定法や労働契約法などとの折り合いをつけておくことが求められる。その他、これに合わせて就業規則に不備があれば何もない時に見直しも必要だし、その際の説明も重要だ。

【経営の視点】

65歳までの全員継続雇用について、人事の硬直化などが懸念されないわけではない。しかし、中小企業では新人を簡単に採用・育成できる環境でないことも多く、今いる人材を1年でも長く雇用するほうが現実的であるし、人材の定着により経営を安定させるためにも有効である。

また、労務には直接関係ないように思われるが、経営者家族間の良好な関係づくりも重要だ。

1 理由は何であろうと働き続けることは尊《とうと》い

たしかに、多くの人は定年後も経済的理由などから働いているが、理由は何であろうと働き続けることは尊く、人が幸せになるために仕事は不可欠だ。

また、小さな会社では労働条件など大手には太刀打ちできないぶん、「元気なうちは働いてよ」と言うぐらいの柔軟性があっても良いし、人は経営者のこのひと言にグッとくる。

図表8　60歳以上で雇用されている人の主な就業動機

（%）

	該当者数（千人）	計	経済上の理由	健康のため等	いきがい、社会参加のため	頼まれたから	時間に余裕があるから	その他	無回答
男女計	5,927	100.0	**62.8**	4.7	13.4	6.5	6.0	2.9	3.7
60〜64歳	3,889	100.0	**68.1**	4.3	11.0	4.4	5.6	3.0	3.6
65〜69歳	2,028	100.0	**52.5**	5.6	17.8	10.5	6.9	2.6	4.1
男性計	3,361	100.0	**68.1**	5.6	8.6	6.6	5.4	2.6	3.2
60〜64歳	2,217	100.0	**74.1**	5.4	6.6	3.4	4.2	3.1	3.3
65〜69歳	1,144	100.0	**56.4**	5.8	12.4	12.7	7.6	1.8	3.2
女性計	2,566	100.0	**55.9**	3.6	19.6	6.4	6.9	3.2	4.4
60〜64歳	1,682	100.0	**60.3**	2.7	16.9	5.8	7.4	2.8	4.0
65〜69歳	884	100.0	**47.5**	5.3	24.9	7.5	5.9	3.8	5.1

出所：独立行政法人労働政策研究・研修機構「60代の雇用・生活調査」（平成26年調査）一部筆者加筆修正

❶ 理由は何であろうと構わない

まず、独立行政法人労働政策研究・研修機構「60代の雇用・生活調査」（平成26年調査）により、60歳以上で雇用されている人の就業動機を見てみる。

◆働く動機は経済上の理由が多い

60〜69歳・男女計では「経済上の理由」が62・8%で最も多く、次いで「いきがい、社会参加のため」が13・4%などとなっている。

年齢層別に見ると、60〜64歳層に比べ65〜69歳層では「経済上の理由」の割合が低くなり、「いきがい、社会参加のため」をはじめ、他の理由が総じて高くなっている。

また、男女別には、「経済上の理由」は男女とも高い中で、男性のほうが相対的に高く、「いきがい、社会参加のため」などは女性のほうが相対的に高くなっている（図表8）。

◆仕事の満足度は総じて高い

同調査による現在の仕事に対する満足度では、「普通」が44・

6%ある中で、「大いに」及び「やや」を合わせて満足方向の割合が35・6%に対して、不満方向が12・7%と、総じて満足しているほうが多い。

60〜64歳層よりも65〜69歳層のほうがやや満足か高い傾向が見られるものの、年齢層別や男女別に見て大きな違いは見られない。

◆働けることに意義がある

「経済上の理由」から働くという回答は予想どおりだが、経済上の理由から働くというと、「それはけしからん、年金制度がおかしい」などと政策を非難する人は多い。しかし、理由は何であれ働けるということは健康であることの証しであり素晴らしいことではないだろうか。

私ごとで恐縮だが、私の母は80歳近くまで介護施設で働いていたし、義母は77歳になった今でも元気に働いている。だから、仕事を通じて社会とのつながりを持つことができ、高齢になってもイキイキしているのだと思う。まさに、「いきがい、社会参加のため」を絵に描いたような生活をしている。

❷ 小さな会社で働くメリットはこれだ

賃金など労働条件において、中小企業が大手企業に太刀打ちすることは難しい。しかし、何歳まで勤め続けられるかという勤務寿命まで考えると意外に帳尻が合うものだ。

もちろん、最近はホンダ（本田技研工業株式会社）など大手でも65歳まで定年延長の動きが見られる。

◆55歳役職定年などは大手の話

先日、ある知人から「夫がやっと課長になれたと思ったら、半年で役職定年になりました」という話を聞いた。課長職としての仕事はなくなったので、課長手当もなくなり賃金も下がったらしい。

これで、取りあえずは元・課長の肩書は残ることになる。

残念ながら、私自身は大手に勤めたことがないので、役職定年になった人の気持ちは分からないが、半年だけ課長で、次の日から年下の上司のもとで働くというのはどのようなものなのか。

少なくとも、人間関係をベースにした家族的経営の中小企業では、そう簡単になじむものではない。

◆「元気なうちは働いてよ」のひと言にグッとくる

一方、中小企業ではどうだろうか。

たしかに、就業規則には一応定年の規定はあるものの、気がつけば61歳だった、62歳だったというのも少なくない。実のところは、「元気なうちは働いてよ」がほとんどだ。小さな会社には、年齢だけで画一的に定年退職させるだけの人材的余裕はない。

だったら、「元気なうちは働いてよ」と伝えたほうが現実的だし、従業員もこのひと言を粋に感じてイキイキと働けるというもの。

仮に、大手の真似をして役職定年制などをつくったとしても、職務内容は変わらず賃金だけ引き下げられれば、不信感を持たれ、やる気を失くされるだけだ。

◆これで帳尻が合う

たしかに、大手に勤めていれば賃金だけでなく福利厚生なども充実しており、とても中小企業では太刀打ちできない。しかし、大手の場合は一定の年齢に達したら、よほどの人材でない限り役職定年や早期退職制度など、合法的に辞めざるを得ない状況に追い込まれることも多く、勤務寿命は意外に短いものだ。

それに比べ、中小企業の場合は幸か不幸か代わりの人材がいないので、元気なうちは働き続けることがほとんどである。

このように、トータルで考えれば帳尻が合うが、これがあるからこそ中小企業で働けるのだ。

❸ 働くことにより幸福になれる

働けるということは、働ける機会や健康などが十分に備わっていて実現するものであり、とてもありがたいことだ。ゆえに、働けること自体が幸せになる近道なのである。

◆4つの幸福

法政大学大学院教授の坂本光司先生は、その著書の多くで「人の幸福は、働くことをおいて得ることは不可能である。」と主張されているが全く同感だ。

人の幸せは、人に褒《ほ》められること、人に必要とされること、人の役に立つこと、そして人に愛されることの4つだといわれている。

注目すべきは、あくまで自分のためではなく、人から価値ある存在として認められたいということだ。ちょうど人の欲求の進化を説いた、アメリカの心理学者・マズローの「欲求5段階説」の第4段階である、人から価値ある存在として認められたいという「承認の欲求」と一致している（図表9）。

図表9　マズローの欲求5段階説

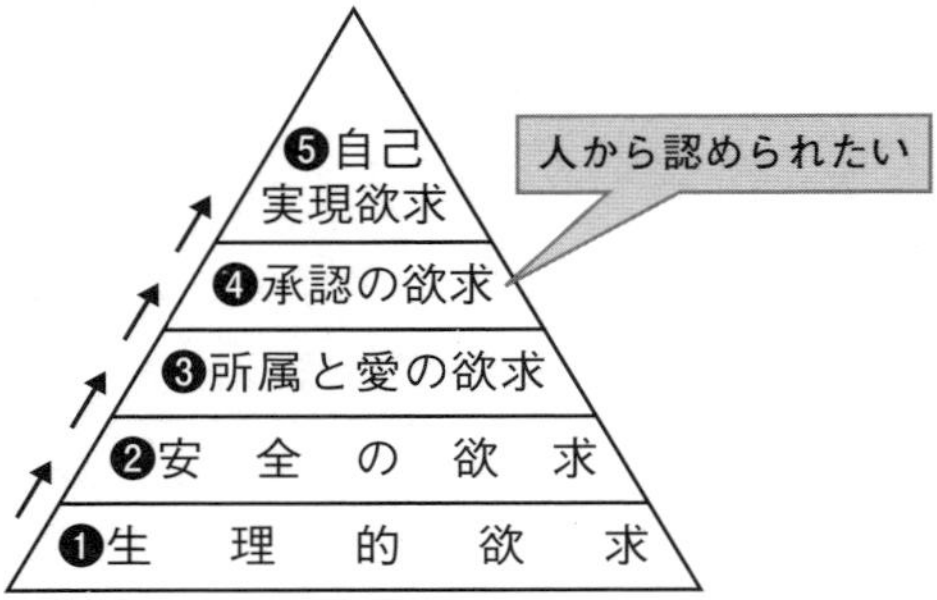

◆適度のストレスは健康の源泉

たしかに、勤めに出るとなれば、仕事や職場の人間関係で少なからずストレスもあるに違いない。しかし、働くからこそ、女性であれば毎朝お化粧をし、男性であればヒゲを剃るなどして気持ちがシャキッとする。

また、職場で人と関わったり話をすることは、それだけでも気分転換となり、健康上も多いに結構なことだ。これで賃金までいただけるのだからこれ以上良いことはない。

私が関与させていただいている会社さんにも、多くの高齢者がバリバリ働いておられるが、どの方もイキイキされていて、実年齢より間違いなく10歳は若く見える。

◆「昨日まで仕事をしていました」が理想ではないか

数年前、懇意にさせていただいていた税理士さんが突然亡くなった。

その方は80歳を過ぎていらしたが、税理士業務をコツコツとこなされ、亡くなる前日まで通常どおり伝票整理などをなさっていたそうである。まさに生涯現役を実践されたわけで、とても素晴らしいことだ。

たしかに、「高齢になって、そんなに仕事ばっかりしていても……」という考え方もあるし、それはそれで個人の自由だからとやかく言うつもりはない。しかし、私は体が動く間は、何らかの形で働き続けることが幸福になる秘訣ではないかと考えている。

2 ベテラン社員をその気にさせる3つの適切化

歳を重ねても働き続けることは尊いが、受け皿である会社としては、まずは50代・60代のベテラン社員をイキイキとさせることが必要だ。

そのためには、適切な心くばり、適切な労働条件、そして適切な手順が欠かせないが、この3つは相殺されないことを肝に銘じておくべきである。つまり、いくら心くばりをしていたとしても、労働条件や手順が不適切であれば雇用関係はうまくいかない。

要は「それはそれ、これはこれ」なのである。

❶ 適切な心くばり

心くばりなどというのは、どこまでやれば良いかという基準があるわけではないので加減が難しい。

また、基準がないのでついつい主観的になりやすく、意識して公平に接することが必要だ。

◆不即不離《ふそくふり》が原則

いくら心くばりが大切とはいえ、会社からの押しつけは逆効果だ。過ぎたるは及ばざるが如《ごと》しであり、心くばりも度を過ぎれば迷惑なお節介になる。

例えば、頼まれもしないのに、家庭の事情を根掘り葉掘り聞いたり、時間外にしょっちゅうメールや電話をしたりするなど、過度にプライバシーへ介入するようなことは慎むべきだ。つかずはなれず、つまり、不即不離の関係を保つことが重要なのである。

たしかに、従業員は子も同然とはいうが、今どきは実の子であっても、過度にプライバシーに踏み込むとイヤがられてしまう。

◆公平に接する

たしかに、人には相性があり理屈抜きに合う人と合わない人がいる。雇用関係でも同じで、採用の時点では良かったものの、月日が経ってくると、やはり合う人合わない人が出てきてしまう。しかし、それが表に出てしまうと、何をしても恣意《しい》的にやっていると受け取られ経営者の信用を失くす。

だから、できれば定年を機に辞めてほしいと思っている人にこそ、日頃から丁寧に接しておく必要がある。そもそも、相性が悪い人には気づかぬうちに厳しく対応していることが多いので、意識して丁寧に接するぐらいでちょうど良い。

◆思いがあってこその心くばり

雇用において、立ち位置はともかく経営者の思い、手段、そして目的が左右にぶれることなく一致していることは重要である。

川越式定年・継続雇用手順では雇用関係をイキイキさせる目的で、手紙を書いたり言葉をかけたりすることが多いが、それはあくまで手段であり、基本である思いがなければ意味がない。ただ手紙を書けば良いとか、思いがなく小手先のテクニックのみでは、従業員からそっぽを向かれるのが落ちである。また、思いがふらつけば、全体の安定感は失われ人心は離れるばかりだ。

図表10　適切な心くばり構造

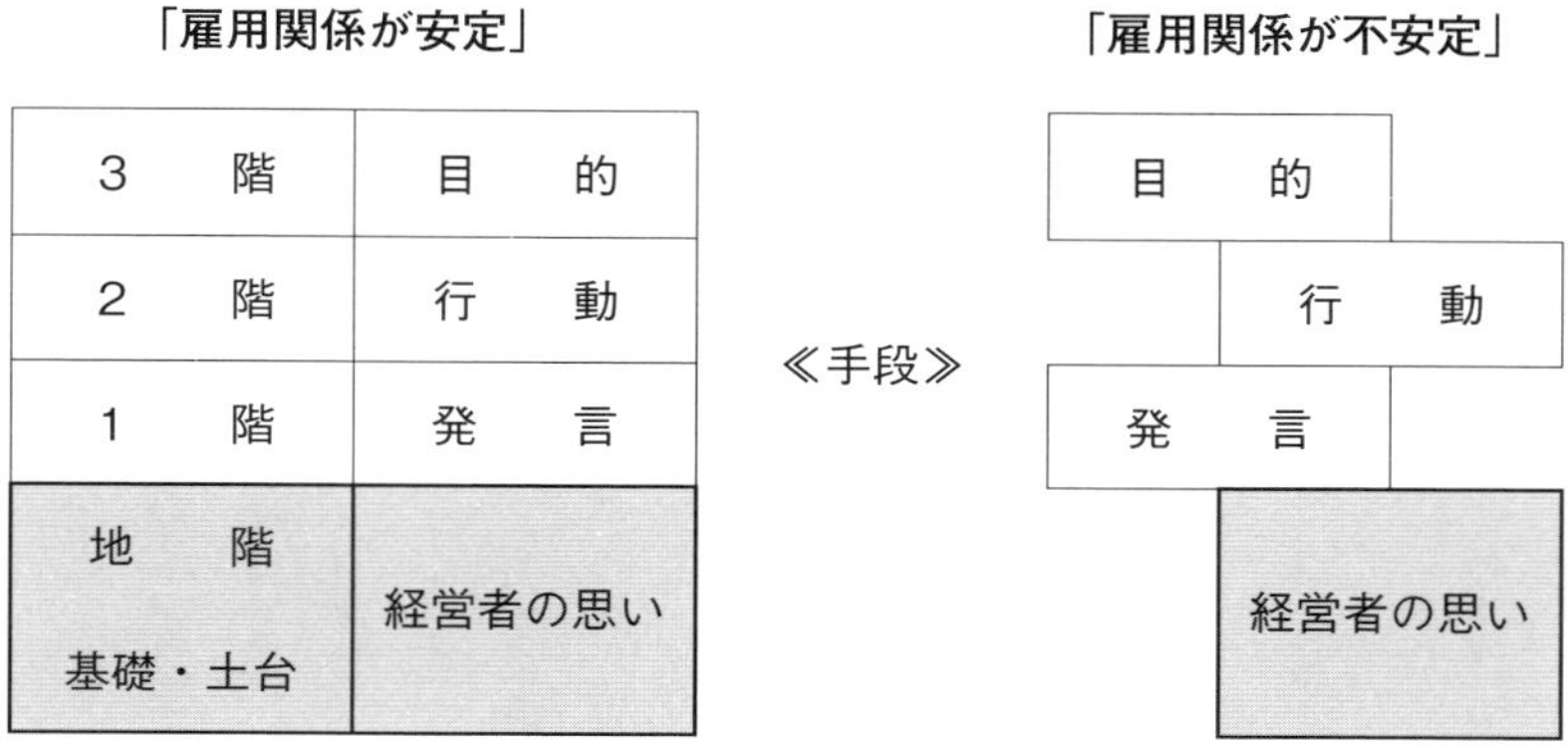

ちょうど、建物は高層になるほど地下に隠れる基礎が大事になるが、地階から最上階まで中心に沿って揃っていると崩れにくいのと同じだ（図表10）。

❷ 適切な労働条件

普通の人は会社が考えるほど、突拍子もないことは考えていない。従来の条件と世間相場を加味しながら、お互いに折り合いのつくところで決め、キチンと説明しておけば納得してもらえる。もちろん、労働条件が合法的であることは言うまでもない。

◆お互い様が長持ちの秘訣

多少はパッとしないところもあるが、労働条件の割には良く定年まで勤めてくれたものだし、働く側だって比較的気を遣わず自由に働かせてもらった。

良くも悪くも、小さな会社の雇用関係はこのような〝お互い様精神〟で成り立っている。

もちろん、もっと条件の良いところへ転職したい気持ちもないわけではないが、今さら他社で一からというのも気が引けるというもの。

ベテラン社員に少々問題はあるにしても、会社が新たに採用する人に問題がないとも限らず、ここはリスク対策の観点からも自社で定年を迎えた人を引き続き継続雇用したほうが得策だ。

◆労働条件は縦軸と横軸を考慮する

労働条件は、主には賃金、労働時間、休日だが、これを考える際には縦軸と横軸2つの視点が必要であり、これの折り合いをつけることが重要だ。

まずは縦軸として、その人の今までとこれからの比較である。例えば、月給50万円もらっていた人は、30万円に下がれば格段に下がったと思うに違いない。世間相場からするとまあまあの額なのに。普通の人は自分の処遇がどう変わるかに関心があるものだ。

次に横軸として、いわゆる世間相場との比較である。前出の独立行政法人労働政策研究・研修機構「60代の雇用・生活調査」(平成26年調査)によれば、定年時に賃金が下がった人が約8割、うち平均的には2~5割減少が中心となっている。

◆誰も突拍子もないことは考えていない

「2対6対2の法則」というのがあって、人間が集団を構成すると、優秀な人が2割、普通の人が6割、そしてパッとしない人が2割という構成になりやすい。

定年を迎える人も似たようなことで、6割の人は普通の人である。普通の人は、突拍子もないことは考えていない。

60歳になったら定年で、その後は少々賃金が下がるものの今までどおり働ける、というのが世間一般に浸透しているので、そのこと自体に抵抗を示す人はあまりいないはずだ。

重要なのは、このようなことをキチンと説明しているかどうかである。

❸ 適切な手順

心くばりと労働条件の適切化が大切なのは前述したとおりだが、実際に従業員へ対して、法律や自社の現状を踏まえて説明したりする手順はもっと大切だ。

ポイントは早めに、極端なことはせず、優先順位を守って行うことである。

◆早くお知らせする

定年が60歳であろうが65歳であろうが、いきなりやって来るわけではない。生年月日は当然把握しているわけで、何年も前からその日が来るのは分かっている。特に定年後の再雇用は、労働条件が下がる場合も多いので、できるだけ早めにお知らせしておくことが必要だ。

前述したように、定年後の賃金減少については世間一般で何となく認知されているものの、やはり直接伝えないと「自分はどうなるのだろう」と従業員はモヤモヤ感が増すばかり。だから、前もって堂々とお知らせすることにより「そんなものか」と納得を得られやすい。

◆極端なことはしない

たしかに、定年後の再雇用は新たな契約だから、会社の提示した条件に従業員が応じなければ契約は成立せず再雇用にはならない。しかし、例えば1日3時間勤務、時給は最低賃金などという条件は、明らかに再雇用をしないがための手段と受け取られやすくトラブルのもととなる。このようなことは、当の定年退職者のみならず、他の従業員からの信用も失くしかねない。

もし、経営上どうしても再雇用なり雇用の維持が難しい場合は、頭を下げて、正直にその旨を伝えて辞めていただいたほうがトラブルになりづらい。もちろん、その場合はそれなりの礼と手順を踏むことが必要だ。

◆優先順位を守る

ベテラン社員をその気にさせることに魔法の杖などない。やはり当たり前のことを、当たり前の時に、当たり前に行うことが王道だ。

その際に考えるべきは優先順位だが、あえて言うなら法律、人の気持ち、そして経営である。たしかに、経営上の視点は重要だが、法律違反をしていたり、人の気持ちを無視したようなことをやっていると経営自体が危うくなる。

もちろん、経営者であれば経営のことは常に考えて当然だが、実行の優先順位は法律を守ることからだ。そうしておかないと何かトラブルが起きた時に誰も味方してくれない。

3 会社を好きになってもらう

自分が所属する会社や組織を好きでない従業員が、自分の所属する会社の業績を本気で高めるような努力をするとは考えにくい。もちろん、長年勤めているベテラン社員も同じだ。

では、会社を好きになってもらうにはどうしたら良いのか。もちろん、これは感情の問題でもあるので唯一無二の方法があるわけではないが、人が人を好きになることには、ある程度の共通点がある。
要は、相手に安心感を持たせ、誠実に約束を守り、そしてバランス感覚を持つことだ。

1 安心感を持たせる

安心感というのは理屈ではなく、相手が感じ取ってくれるものだ。そのためには、年長者を大切にする雰囲気を社内に醸成《じょうせい》し、信頼関係を築いたうえで、人として認めることが必要である。

◆ベテラン社員を大切にする社風をつくる

普通の会社では、やはり年長者であるベテラン社員に礼を尽くすのが自然だし、そのほうが組織として安定する。いわゆる「長幼之序《ちょうようのじょ》」だ。

一般に年功序列制が悪いと言う人は多いが、私は決してそうは思わないし、むしろ奨励したいぐらいだ。もちろん、昔ながらの年功序列制に多少のアレンジは必要だろうが、短期的な仕事ぶりでコロコロと処遇が変わるよりも会社の雰囲気は格段に良くなる。

また、年功序列制では基本的に勤続年数に応じた処遇を受けるので、先輩が安心して後輩を指導教育しやすく、ベテラン社員の役割意識も強くなるし、居場所ができやすい。

◆安心感があるから帰属意識が高まる

法政大学大学院教授の坂本光司先生は、著書である『経営者の手帳』（あさ出版）の中で、こう述べられている。「企業への愛社心や強い帰属意識は、経営者をはじめとする仲間たちとの強い信頼関係がベースである。人間関係が気まずく、ギスギスしていたり、風通しが悪く同僚や上司への疑心暗鬼の気持ちがある限り、企業への愛社心や強い帰属意識など生れるはずがない。」と。

だから、抑えつけて帰属意識を強要することは逆効果だ。例えば「俺のことを好きになれ」と一方的に強要するようなもので、こうなると愛情を通り越してストーカーである。

◆褒《ほ》めるより認める

「人は褒めて育てろ」といわれるが、特に経営者よりベテラン社員のほうが年長者だと、褒めること自体が上から目線に受け取られやすい。

だから、働きぶりや行動をよく見て評価できるのならば、「いつも後輩の面倒を見てもらって助かります」といった具合に客観的に認めてやる。「社長は忙しいのに、私の仕事を気にかけてくれている」ということになればしめたもの。

さらに、そのようなことが第三者を通じて耳に入ると、当人の喜びは倍増するものだ。人は自分を認めてくれる人に好意を持ちやすい。

❷ 誠実に約束を守る

従業員は家族のようなものだというが、家族だって約束を守らないと人間関係を損ねる。

逆に、小さな約束でもコツコツと積み重ねていけば、相手に誠意が伝わり信頼が深まりやすい。

◆法律を守る

約束の最たるものは国との関係である法律だが、これを守っていないと、従業員の行いがいくら理不尽であっても、出るところに出られた場合、会社の立場は悪くなる。

もちろん、星の数ほどある法律を１００％守ることは厳しいが、最初から「法律なんか守れるものか」という考えではなく、少しでも法律に近づけようと努力する姿勢が重要だ。多くの従業員は、経営者のこのような姿勢に惹《ひ》かれる。

今の時代は一つ法律違反があると、あれもこれもと引っ張り出され、世間からも手のひらを返したように非難されてしまう。例えば、交通事故が起きたとする。その相手がセンターラインを越えて来るような危険運転の車であっても、こちらが酒でも飲んでいると立場が逆転してしまうのと同じだ。

◆小さな約束を積み重ねて社内信用を築く

会社は取引先と小さな約束をコツコツと積み重ね、長い年月をかけて信用をつくり上げていく。

一方、労使関係においても、小さな約束を守ることにより信頼関係ができてくる。いわゆる社内信用だが、これらに共通して言えることは、信用を築くのは大変だが失うのは一瞬であるということ。

守るべき約束としては、法律以外に就業規則、労使協定、雇用契約書などだ。

特にベテラン社員とは、お互いにつき合いが長いので、ついつい約束ごとが曖昧《あいまい》になりやすいが、ここは意識して約束を守っておかないと、まっとうな人から見切られてしまう。

◆今は約束を破ると過剰攻撃されやすい

決して良いことではないが、昭和の時代は今ほど約束に対する厳しさはなかったように思う。労働条件においても、たとえ会社に約束違反があったとして、それにいちいち目くじらを立てて争うよりも、明日のために我慢したほうが得策だったからだろう。

しかし、今は会社として明確に明日が示しづらく、働く人も今日のことは今日決済しておかないと自分を守れない。だから、労働条件などにちょっとでも約束違反があると過剰攻撃されることになる。

ちょっとした約束違反のために、謝罪会見をさせられる政治家や経営者が絶えないが、今はそんな時代だ。

❸ バランス感覚を持つ

雇用関係においては、理と情のバランスが重要だ。ひと言で言えばお互い様精神だが、このような懐《ふところ》の深い経営者に普通の従業員はグッとくる。

◆〝切り取り情報〟を鵜呑《うの》みにしない

マスコミが、政治家などの発言の一部を切り取って報道し、そのことがすべてのように報道することを〝切り取り報道〟というらしい。

労務においても、「成果主義で組織が活性化できる」「こうすればもっと生産性が上がる」「助成金は受給しないと損」などと、経営者にとって聞き心地の良い情報が飛び交っている。

しかし、前提条件が省略されて伝わることが多く、これを鵜呑みにして実行すると間違いなく従業員から信頼を失くす。だから、情報は全体を見て判断するバランス感覚が必要なのである。

◆経理感覚労務から脱却する

自分一人、または家族だけでやっていくだけなら帳簿をしっかりつける経理のレベルで足りるが、ここに従業員として人を雇えば労務管理が必要になる。注意したいのは経理との決定的な違いだ。

図表11　経理と労務の違い

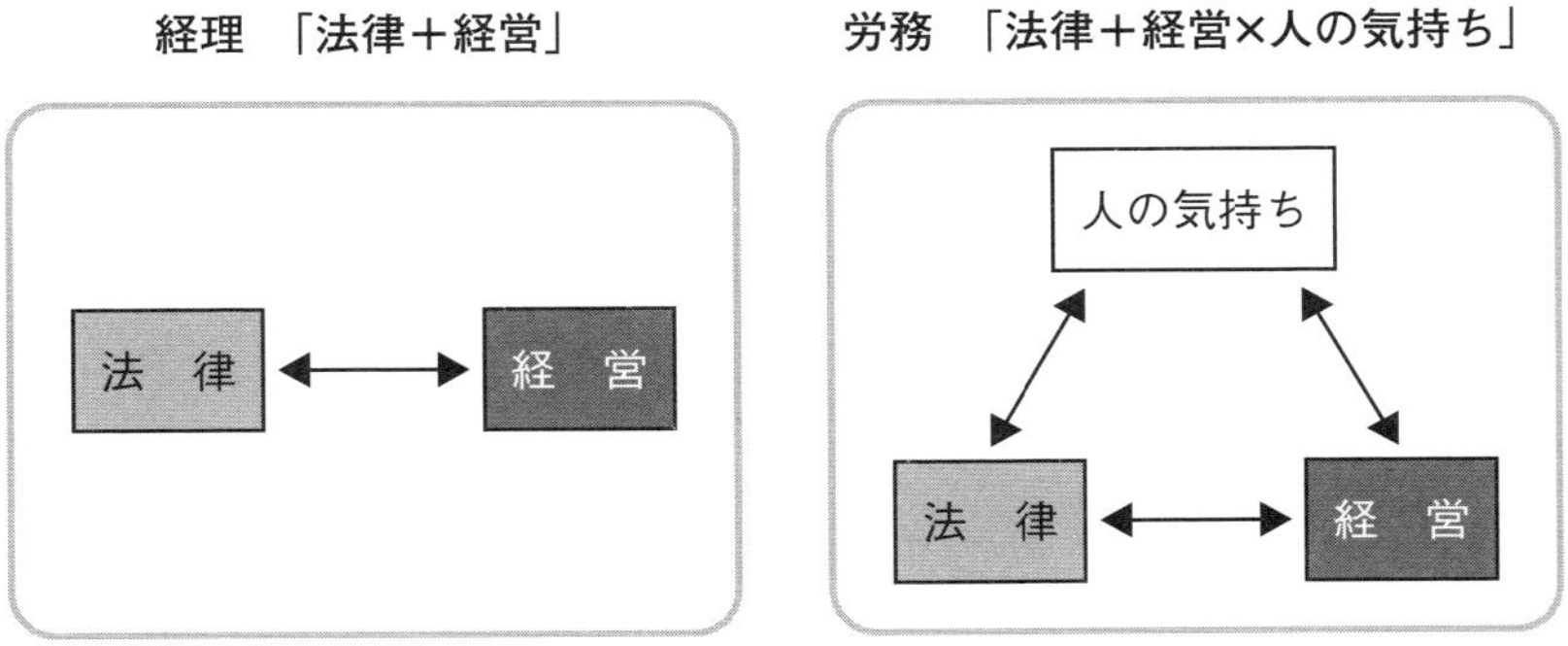

端的に違うのは、対象とする人には感情があるところであり、これを無視して経理感覚だけで従業員に接してしまうと、今までのことがゼロになったりマイナスになったりもする。

つまり、「法律＋経営」に加えて、労務は「人の気持ち」への配慮が必要なのだが、これがなく、ただ理屈だけで管理しようとするから人心が離れてしまう（図表11）。

◆経営者自身が襟を正す

程度の差こそあれ、経営者は社内において、あらゆる権限を持つ権力者である。普通には誰も面と向かって注意してくれる人もいないので、自ら襟《えり》を正しておかなければならない。

例えば、経営が苦しいので賞与が出せないと言いながら、社有車の高級車を乗り回したり、家族のガソリン代まで経費にしたりしていたらどうだろうか。この手のことは「このくらいは良いかな」が徐々にエスカレートしやすいが、従業員には分からないようで分かるものだ。

そして従業員からは「せこい人」という烙印《らくいん》を押され、会社を好きなってもらうどころか、強い不信感を持たれてしまう。

4 経営者家族は仲睦まじくして社内を安定させる

中小企業のほとんどは同族会社だ。それはそれで他人と違い利害が一致しやすいので、経営が安定するというメリットもあるが、家族であるがゆえに、いったん、家族間にゴタゴタが起きると社内の雰囲気にも悪影響を及ぼしやすい。

ベテラン社員をその気にさせるには、社内の雰囲気が大切であり、特に、将来を担《にな》う後継者夫妻の関係を良好にしておくことはとても重要である。

1 中小企業でよくある話

中小企業では、社長の子が後継者になることが多く、それに合わせて先代の妻がそうであったように、後継者の嫁も会社に入って後継者をサポートする。

もちろん、これが順調にいけば大いに結構なのだが、往々にして次のような問題が起きやすい。

◆先代が70歳を機に息子へ社長交代を予定

A社は、65歳を迎えた社長が裸一貫で25年ほど前に創業した会社である。夫婦二人で始めた事業も幾多の困難を乗り越え、それなりの規模に成長した。

そこで、70歳を機に息子である常務に社長の座を譲り、自分は会長職に就任する予定だ。後継者難が叫ばれる中、傍《はた》から見ればうらやましいかぎりである。

息子夫妻はともに35歳、嫁は子育ての最中で会社には出ていなかったが、子の小学校入学を機に会社に出て、経理や総務など事務全般を社長の妻である義母から引き継ぐ予定だった。

◆引き継ぐつもりで会社に入ったものの

社長夫妻は、これまで社長が営業と現場、妻である専務が事務を取り仕切って二人三脚でやってきた。

また、社長交代を予定しているといっても、夫婦ともまだまだ元気で仕事は今までと変わらずバリバリである。

嫁も、子育てがあるのでフルタイムというわけにもいかず、取りあえずは9時から16時までの勤務だった。しかし、できるだけ早く仕事を覚えようと、義母である専務に仕事を引き継いでもらおうとするが、「いいわ、やっとくから」と、そっけなく、仕事を教えてくれる気配もない。

また、賃金計算のおかしいところを指摘すれば「うちは今までこれでやってきたから大丈夫」と耳も貸さない有様だ。

◆4人の船頭に従業員は戸惑うばかり

従業員というのは経営者間の力関係に敏感なもので、組織上の役職ではなく、誰の指示を聞いておけば自分にとっていちばん安全かを心得ている。

A社でも、社内の指示命令系統は営業・現場が社長と常務の2系統、事務は嫁に任せると言ってはいるものの、専務が実権を握っており、嫁は蚊帳《かや》の外状態だ。

また、経営者間のコミュニケーションが意外に良くない。家族だから口に出さなくても分かるだろうという感覚もあるのだろうが、「聞いていない、知らなかった」という報・連・相（報告・連絡・相談）レベルのことが経営者間でできていないことも多いのである。

❷ 下手をすればこういうことにもなりかねない

世が世なら、後継者の嫁が会社に入るのは当然だったのかもしれない。しかし、今どきは実の子だって後を継ぎたがらないことが多い。それに、会社に入った途端、無理を強いることも多いだろうし、どちらかといえば割に合わない話である。

◆嫁は会社と結婚したわけではない

中小企業では家族も貴重な労働力だ。だから、社長夫人とはいえ会社に出て事務などを担うことが多い。しかし、当の嫁にしてみれば結婚する際に、後継者の妻として会社に入り、仕事をするということは想定していないことがほとんどではないだろうか。

そもそも、一人の男性と結婚したのであって会社と結婚したわけではない。それが今の時代の考え方である。

ましてや、「任せる」と言いながら、実のところ実権は先代が握ったままだったりすれば、そう気分の良いものではない。

◆社内の不満が家庭の不満になるのは後継者も同じ

程度の差こそあれ、中小企業では前述した事例のようなことが起こりやすい。

もちろん、嫁も心得たもので、会社内では表立って不満を表さないものの、心中穏やかではなく、そのぶん家庭内での雰囲気は険悪になりやすい。

妻「私って会社の何なの？　いつまでたっても仕事は教えてくれないし、従業員さんだってお義母《かあ》さんのほうしか見てないわ」

夫「まあ、おふくろも悪気はないんだから」

妻「いや、お義母さんは私のことが好きじゃないのよ」

夫「そんな言い方はないだろ」

妻「もういいわ、あなたに話したって……」

夫「………」

◆知らず知らずのうちに社内の雰囲気も悪くなり

このような雰囲気では、後継者としても家庭内で安らぐどころか針のむしろである。もちろん、嫁にしても同じこと。しかし、毎日会社に出なくてはならず、このような雰囲気は社内にあっという間に広がる。従業員というのは経営者家族のゴタゴタには敏感なものだ。

一日も早く会社の役に立ちたいと思う嫁と、悪気はないが自分でやれるうちは人に任せたくないという姑の思いの食い違いは、仕事の域を越え嫁姑問題になりやすい。

もちろん、お互いに会社を思う気持ちが強いために起こることなのだが、会社内で芽生えた小さな嫁姑問題は、後継者家庭内で大きな不満に発展し、何倍にもなって会社へ逆輸入。

こうなると、社内では後継者を挟んで嫁姑のピリピリとした雰囲気が漂《ただよ》い、ベテラン社員のやる気云々《うんぬん》という状況ではなくなる。

③ 嫁を認めてその気にさせる

後継者の良き理解者として会社を切り盛りしてもらうには、それなりに日頃から嫁を気にかけておくことが必要だ。具体的には、日頃の仕事ぶりを認めて感謝し、信頼することであり、これを一通の手紙にして伝える。

寡黙《かもく》で日頃はあまり話もしない義父から届く一通の手紙に込められた思いに、嫁は「いろいろあるけど、まっいいか」なんてことに。

◆何もない時から手を打っておく

労務管理においては、トラブルが起きてからではなく、何もない時に手を打っておくことが大切だが、家族関係でも同じである。従業員は気まずくなって辞めてしまえば、基本的にそれで終わりだが、嫁となればそう簡単ではなく、経営者一家のみならず社内にも悪影響を及ぼす。

たしかに、嫁にも問題がないわけではないだろうが、後継者夫妻が不仲になり、会社の雰囲気まで悪くなって困るのは会社である。だから、まずは先代側からの配慮が必要だろう。

◆嫁の仕事ぶりを認める

山本五十六の言葉に次のようなものがある。

やってみせ、言って聞かせて、させてみせ、ほめてやらねば、人は動かじ。
話し合い、耳を傾け、承認し、任せてやらねば、人は育たず。
やっている、姿を感謝で見守って、信頼せねば、人は実らず。

後継者の嫁とはいえ、今の人たちは小さな頃から、家庭でも学校でも大切に育てられており、実の親にだって叱られたことがないという人も少なくない。

また、嫁は後継者を好きになったのであり、会社を好きになったわけではないので、これぐらいの配慮は必要である。

◆嫁をその気にさせるこの一通

この手紙は、先代夫妻から後継者の嫁へ差し出す。この手のことにはタイミングがあるが、文例は、現時点で、表立っては何も問題が起きていない場面を想定している（文例１）。

差し出すきっかけとしては結婚記念日、嫁の誕生日、孫の誕生日など晴れの日に行うのが基本だが、今回は後継者夫婦の結婚10周年記念日を例にした。

まずは、日頃の苦労に感謝しながら働きぶりを認め、これからのことをさらりとお願いする。

また、信頼していることを伝えたい。その際に、何か贈り物でもあると収まりが良いものだ。

「やっている、姿を感謝で見守って、信頼せねば、人は実らず。」山本五十六の言葉のように。

文例1　後継者の嫁に差し出す結婚10周年お祝い状

〇〇さん、結婚十周年おめでとうございます。

早いもので、嫁いでいただいてから、もう十年になりますね。

いつも、息子や孫の面倒を見ていただき大変助かっています。

本当にありがとうございます。


毎日、朝から夜遅くまで息子が仕事をできるのも、〇〇さんの支えがあってのことと、家内ともども日頃より感謝しております。

また、会社の仕事も手伝っていただき、特に従業員への細かな心くばりは大変助かります。

もうしばらくは、子供たちに手がかかり大変だとは思いますが、これからも何卒よろしくお願いします。

ここに、わずかばかりですが、商品券を贈らせていただきますので、何か自分のために使ってもらえれば幸いです。

これからも息子と孫たちを、そして会社をよろしくお願いします。

平成〇年〇月〇日

〇〇　〇〇

〇〇

5 高年齢者雇用安定法等との折り合いをつけておく

厚生年金支給開始年齢の引き上げによる、無収入期間を避けるためなどの目的で、今は原則65歳までの雇用義務があり、法律との折り合いをつけておくことが必要だ。

また、高年齢者雇用安定法に加えて、労働契約法による有期労働契約が通算5年を超えた場合の無期転換権発生の特例についても注意しておく。

さらには、就業規則改正のタイミングや周知についても対応が必要になる。

1 今は何歳まで雇用義務があるのか

今は原則として65歳までの雇用義務があるが、厚生年金が支給開始されるまで何らかの形で雇用を確保しようということだ。

さらに、今後は65歳以降も雇用を確保していこうという流れもある。

◆原則65歳まで雇用義務がある

高年齢者雇用安定法が平成25年4月に改正され、希望者全員を65歳まで何らかの形で雇用することが義務づけられた。

これまで認められていた、従業員代表との労使協定により定めた基準に基づき、60歳以降に雇用する者を選別できていた制度が廃止されたのである。これだけ見れば会社にとって大きな負担のようにも思えるし、心配する経営者も多い。

しかし、私が知る限りでは、中小企業において労使協定の基準により、雇用の継続を拒否された者はほとんどおらず、実質的には希望者全員が雇用を継続されていたというのが実態である。

◆平成37年3月31日までは経過措置がある

そうは言うものの、いきなり希望者全員65歳まで継続雇用義務化では困る会社もあるので、平成25年の法改正時に経過措置が設けられた（図表12）。

ただし、平成25年3月31日までに、労使協定により継続雇用制度の対象者を限定する基準を定めていた場合に限られる。

経過措置では、ちょうど男性の老齢厚生年金支給開始年齢に合わせて、平成25年4月から3年ごとに1歳ずつ労使協定を適用できずに希望者全員を継続雇用しなくてはならない年齢を引き上げていく。年金が受給できない期間の雇用を確保するためだが、このスケジュールは男性に比べると当分の間年金支給開始年齢が早い女性にも適用になる。

そして、平成37年4月以降は原則どおり65歳まで、希望者全員を継続雇用しなくてはならない。

◆国策としての高齢者の就労促進

平成28年6月2日に閣議決定された「ニッポン一億総活躍プラン」によれば、働き方改革は重要な柱に位置づけされている。その中の、高齢者の就労促進について、65歳以降の継続雇用延長や65歳までの定年延長についても触れられており、今後さらなる雇用義務年齢の引き上げも予想されるところだ（図表13）。

図表12　継続雇用対象者の基準の適用に関する経過措置スケジュール

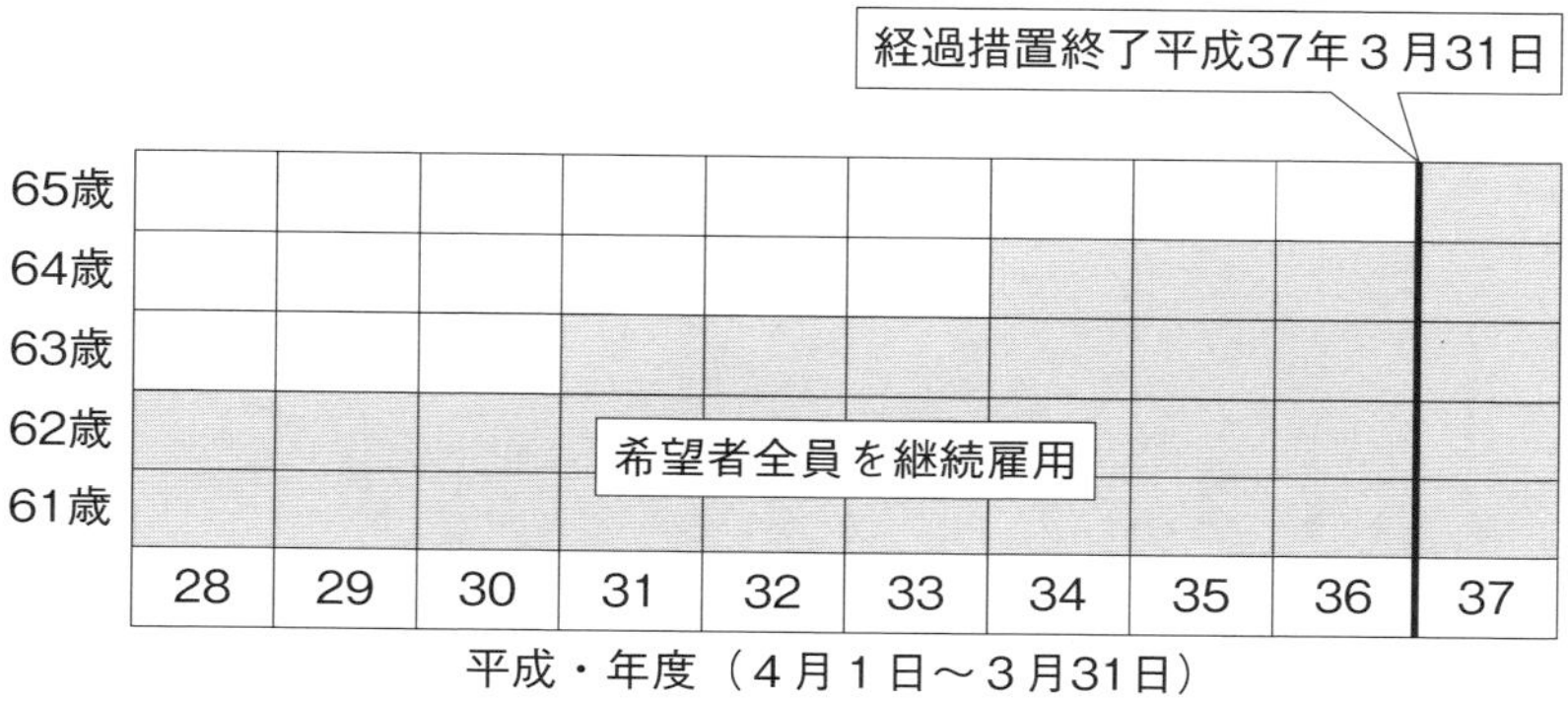

※平成25年度～平成27年度分は省略

図表13　ニッポン一億総活躍プラン（平成28年６月２日閣議決定・抜粋）

（高齢者の就労促進）

日本には、アクティブシニアとも言われるように、元気で就労の意欲にあふれ、豊かな経験と知恵を持っている高齢者がたくさんおられる。他方、高齢者の７割近くが、65歳を超えても働きたいと願っているのに対して、実際に働いている人は２割にとどまっている。生涯現役社会を実現するため、雇用継続の延長や定年引上げに向けた環境を整えるとともに、働きたいと願う高齢者の希望を叶えるための就職支援を充実する必要がある。人口が減少する中で我が国の成長力を確保していくためにも、高齢者の就業率を高めていくことが重要である。

将来的に継続雇用年齢や定年年齢の引上げを進めていくためには、そのための環境を整えていく必要がある。企業の自発的な動きが広がるよう、65歳以降の継続雇用延長や65歳までの定年延長を行う企業等に対する支援を実施し、企業への働きかけを行う。また、継続雇用延長や定年延長を実現するための優良事例の横展開、高齢者雇用を支える改正雇用保険法の施行、企業における再就職受入支援や高齢者の就労マッチング支援の強化などを進める。

2 高年齢者雇用確保措置とは

高年齢者雇用安定法では、定年年齢を65歳未満としている事業主に、65歳までの雇用を確保するための措置（高年齢者雇用確保措置）として、次のうちいずれかの措置の実施を義務づけている。

◆定年の引き上げ

定年年齢を65歳以上に引き上げる。定年まで労働契約は継続するので、この間に労働条件を変更する場合は、原則として個別同意が必要だ。

なお、定年年齢を65歳未満に定める場合は、定年後65歳まで、次の継続雇用制度が必要になる。

◆希望者全員を対象とする継続雇用制度

これには勤務延長制度と再雇用制度の2つがある。

①勤務延長制度とは、定年年齢は定めるものの定年年齢に達した者を退職させることなく、引き続き65歳まで雇用する制度である。原則として職務や賃金などの労働条件は変わらない。

なお、勤務延長時に労働条件などを変更する場合は、原則として個別同意が必要となる。

②再雇用制度とは、定年年齢に達した者を退職させた後、再び雇用する制度である。勤務延長と違い定年年齢で労働契約はいったん終了しているので、再雇用時に改めて労働条件を決め直すことができる。

また、再雇用先は自社に限らないが、平成25年4月法改正により、再雇用先として認められるグループ会社の範囲が拡大された。

◆定年の定めの廃止

従業員の年齢にかかわらず、期間の定めのない労働契約が引き続くことになる。いわゆる終身雇用だ。

なお、途中で労働条件を変更する場合は、原則として個別同意が必要だ。

3 労働契約法における継続雇用の高齢者の特例

労働契約法上は、同一の使用者との有期労働契約が通算5年を超えて反復更新された場合に、無期転換申込権が発生するが、定年後の継続雇用の高齢者も例外ではない。だから、5年を超えた時点で本人が無期雇用を希望すれば、いわゆる終身雇用になる。

ただし、適切な雇用管理に関する計画を作成し、都道府県労働局長の認定を受けた場合は、その事業主に定年後引き続いて雇用される期間は無期転換申込権が発生しない。

4 会社の事情に合わせて就業規則の見直しと周知

ほとんどの会社においては、高年齢者雇用安定法の改正に合わせて、就業規則の改正も行われていると思うが、まだの場合はできるだけ早めに改正しておく。

また、改正にあたっては従業員に十分説明し周知しておくことが重要だ。

◆「定年なんてずっと先」が見直しの好機

たしかに、若い従業員が多いと定年と言われてもピンと来ない。しかし、そのような時だからこそ定年やその後の再雇用について冷静に話し合いができる。

例えば、定年は65歳だが60歳時点で賃金を見直す、というような規定を盛り込もうとする場合でも、ずっと先のことだから「そうですか」と難なく受け入れてもらいやすい。

逆に、定年直前の人がいたりすると定年は現実的な話であり、変に就業規則の見直しを行おうとすれば、ちょっとしたことでも用心されたり、場合によっては不信感を持たれる。

◆定年退職日の設定を工夫する

定年は一般的に誕生日を基準にするので、賃金計算期間や業務の都合にリンクしておらず、賃金額変更や職務変更の場合に不都合だ。

だから、次のように定年退職日の設定を工夫することも考えられる。

「定年は満60歳に達した直後の賃金締め切り日とする」または「定年は満60歳に達した直後の5月31日とする」など。

5月31日は3月末が決算期である会社の税務申告期限を意識した。このようにしておけば賃金計算も簡単だし、経理担当者など担当業務を区切りの良いところまで全《まっと》うできる。

◆周知しないと意味がない

定年に限らず、就業規則の規定が重要なのは言うまでもないが、それを従業員に周知しておくことはもっと大事だ。

就業規則というのは社内の法律だから、それを適用される従業員に内容を知らせていないと話にならない。

例えば、ドライバーに道路交通法を知らせないで交通取り締まりをするようなものだ。

労働基準法第１０６条に就業規則の周知義務が規定されており、変更等をした場合には、厚生労働省の通達で、変更後の内容を労働者に周知させなければならないとされている（平成11年1月29日基発第45号）。

6 自社の現状と将来を把握しておく

ベテラン社員のやる気を喪失させないためには、様々な対策が考えられるが、社内にいて意外と気づきにくいのが自社従業員の年齢構成だ。特に従業員の定着が良い会社ほど、固定メンバーで仕事をしているので実感しづらい。

しかし、誰でも確実に歳を取っていくので、いざ定年退職という時に慌てずに済むように、表にするなどして、現状と将来の見通しを把握しておく。

1 定着の良い会社ほどエスカレーター感覚

家族同士がそうであるように、会社もいつも同じメンバーでいると、時が止まっているような感覚になってしまうが、そのようなことはなく時間は確実に過ぎているし、みんな確実に歳を取っている。

◆「えっ、もうそんな歳なのか」

小さな会社はお互いの顔が見えるし、従業員の定着が良ければ、そう頻繁に新入社員が入って来ることもない。早い話が同じメンバーでやっているので日頃から年齢を感じないのである。

だから経営者にしてみれば、30歳で採用した人は何年経っても30歳の感覚なのだ。恥ずかしながら、私自身も本書を執筆しながら、つくづくそう感じたところである。

冷静に考えれば分かることだが、子が歳を取るほど親も歳を取るのと同じで、従業員の歳と同じだけ経営者も歳を取っているのだが、それに気づきにくい。

◆時間は公平に過ぎていく

当然ながら、歳は誰でも同じ速さで取る。もちろん、歳とともに誕生日が早く感じることはあるが、それはあくまで感覚の問題であり、実際の時間が早まっているわけではない。

確実に言えることは、時間は1秒たりとも止まることなく流れており、しかも誰にも公平に過ぎていっているわけで、これほど公平なものはないのではないか。

ちょうど、エスカレーターに並んで乗っていることを思い浮かべてほしいが、どこまで行っても2人の距離は変わらず、あたかも止まっているようだが確実に動いているのと同じだ。

◆みんな確実に歳を取っている

たしかに、従業員の定着が悪く頻繁に人が入れ替われば、このようなエスカレーター感覚にはなりにくく、定着が良いからこそ現れる現象である。

特に、小さな会社だと人事異動などほとんどなく、さらにメンバーが固定化されてしまい、それはそれで問題がないわけではない。しかし、会社にとって従業員の定着が重要なのは言うまでもなく、年齢に気づきにくいから定着が悪いほうが良いわけではないのは当然だ。

大切なのは、従業員の顔ぶれが変わらないので気づきにくいが、みんな確実に歳を取っていることを日頃から認識しておくことである。

２ その時になって慌てないように

エスカレーターが必ず目的の階に到着するのと同じで、経営者も従業員も時間が経てば必ず60歳になり65歳になる。だから、定着の良い会社ほど日頃から現状を把握して将来への備えが必要だ。

◆人材の補充・育成

事業の継続性を考えた場合、経営資源であるヒト・モノ・カネが、滞《とどこお》ることなく循環していることが必要だ。特に小さな会社では仕事にヒトがついているのではなく、ヒトに仕事がついていることが多いので、定年で一人辞めたらその人のしていた仕事について他には誰も分かる人がいない場合も多い。

仮に、後任の人材を採用できたとしても、他の経営資源と違い育成という過程が必要になる。「石の上にも三年」と言うが、育成には最低でも3年は必要だし、定年退職者レベルに達するには、さらに長期間必要だ。

だから、ある程度先を見とおし、前もって熟練の技・経験の継承をさせておくことが必要なのである。

◆退職金の準備

これも定着の良い会社ならではの悩みなのだが、退職金の見込み額を把握しておくことが必要だ。

たしかに、中小企業退職金共済などで手当されていれば良いが、退職金規程だけが存在していたりすると、会社にその気がなくても退職金規程に従わなければならない。

だから、毎年必要な退職金額を少なくとも向こう10年先ぐらいまでは把握しておく。

特に、50歳以上の従業員にしてみれば、退職金は大きな関心ごとであり、会社が考えている何倍も執着しているものである。

◆言われたほうは覚えているもの

退職金で怖いのは、カタチだけの退職金規程と先代との口約束だ。

後者については「定年まで勤めたら1千万円払う」などと口約束している場合がある。もちろん、その当時は払えるつもりだったのだろうが、時代とともに会社業績など事情も変わってしまう。

特に、先代が約束している場合、現社長にとっては寝耳に水ということもあるし、言ったほうもすっかり忘れていたりする。ところが、退職金に限ったことではないが、言われたほうはしっかりと覚えているものだ。それでも、先代が存命中は大きな問題にはならないかもしれないが……。

❸ 表に書き出してみると見えてくる

頭では何となく分かっていたとしても、紙に書き出してみると意外な発見があるものだ。60歳以上の比率が高い、息子はもう40歳か、などと書き出すからこそピンとくることもある。

表はそんなに複雑なものは必要なく、大体の傾向がつかめる程度のもので構わない。

◆意外に65歳は近い

平成25年4月の、高年齢者雇用安定法改正に伴《ともな》い設けられた経過措置は、平成37年3月31日で終了することは前述したとおりだ。

もちろん、現行法上は、経過措置が終了しても60歳定年、その後65歳まで再雇用などの継続雇用でも構わない。しかし、この先、国策でもあることから、遅かれ早かれ65歳定年が義務化されるのではないだろうか。

また、65歳といえば相当高齢のように思えるが、今年平成28年度に55歳になる人（昭和36年度生まれ）は、希望者全員を65歳まで継続雇用することが必要であり、65歳は意外に近い（図表14）。

◆従業員の60歳、65歳到達年齢、退職金見込み額を表にしてみる

縦軸に氏名、生年月日、その他必要な項目、横軸は暦年として、それぞれに節目（60歳、65歳）の年齢をプロットする（図表15）。

また、50歳以上の従業員は定年までいたとして、50歳未満の従業員については10年後に自己都合退職するとみなして退職金の見込み額を計算して図表15に記入する。

このようにしてみると、意外に自社従業員が高齢化していることが理解しやすい。そして、10年後を考えると、人材の確保・育成、資金の手当などが大きな課題であることが見えてくる。

さらに、経営者の年齢も記入することにより、従業員との歳の差は変わらないことが再認識できるし、社長交代のタイミングがつかみやすい。

図表14　生年月日による年齢早見表

生まれた年度	平成・年度（4月1日～3月31日）											
	28	29	30	31	32	33	34	35	36	37	38	39
昭和31年度	60	61	62	63	64	65	66	67	68	69	70	71
昭和32年度	59	60	61	62	63	64	65	66	67	68	69	70
昭和33年度	58	59	60	61	62	63	64	65	66	67	68	69
昭和34年度	57	58	59	60	61	62	63	64	65	66	67	68
昭和35年度	56	57	58	59	60	61	62	63	64	65	66	67
昭和36年度	55	56	57	58	59	60	61	62	63	64	65	66
昭和37年度	54	55	56	57	58	59	60	61	62	63	64	65
昭和38年度	53	54	55	56	57	58	59	60	61	62	63	64
昭和39年度	52	53	54	55	56	57	58	59	60	61	62	63
昭和40年度	51	52	53	54	55	56	57	58	59	60	61	62

※生まれた年度は、４月２日～翌年４月１日生まれが当該年度となる。
※経過措置により、白抜きの年齢に達した者には、従前の労使協定の対象者選択基準が適用できる。

図表15　従業員年齢管理表

平成・年度		28	29	30	31	32	33	34	35	36	37	38	39	40	41
経営者年齢		58	59	60	61	62	63	64	65	66	67	68	69	70	71
後継者年齢		28	29	30	31	32	33	34	35	36	37	38	39	40	41
氏　名	生年月日														
A		55	56	57	58	59	60	61	62	63	64	65			
B		53	54	55	56	57	58	59	60	61	62	63	64	65	
C		51	52	53	54	55	56	57	58	59	60	61	62	63	64
D		49	50	51	52	53	54	55	56	57	58	59	60	61	62
E		47	48	49	50	51	52	53	54	55	56	57	58	59	60
退職金見込み額							…		…		…		…		…

※退職金は60歳定年時に支給した場合。

労務小話

第2話　ほどほどの勤務成績

おかず　ご隠居さんも昔は会社勤めしていたんでしょ。

ご隠居　もちろん、もう30年以上も前に58歳で定年退職したぞ。

おかず　はぁ、58歳定年ですか、それって若過ぎないですか？

ご隠居　いやいや、あの頃は55歳定年が普通で、「高年齢者雇用安定法」という法律の改正で徐々に引き上げられたようじゃ。

昭和61年に60歳定年の努力義務化、平成6年（施行は平成10年）に60歳未満定年制の禁止、平成12年に65歳までの雇用確保措置を努力義務化、そして平成25年からは希望者全員の65歳までの雇用が義務化されたんじゃ。

おかず　なるほど、そうなんですね。

ところで、ご隠居さんは会社員の頃はどうだったんですか。

ご隠居　どうだったって、勤務成績のことじゃろうが、ひと口で言うなら横丁のしょぼい中華料理屋じゃな。

おかず　はぁ、看板には「本格中華」って書いてあるけど、北京ダックもフカヒレもなくて、ラーメンとギョウザしかない中華料理屋さんですか？

ご隠居　そう、鴨なくフカもなく。

（つづく）

第3章

50代を元気づけ輝かせて 60代に備える

本章のポイント

一、社長交代時は人の気持ちも引き継ぐ
二、日頃からのメンテナンスで長持ちさせる
三、勤続年数にふさわしい働きをしてもらう
四、従業員の役員登用はよくよく考える
五、親の介護世代に配慮する
六、従業員の悲しみに寄り添う
七、古参従業員の力をプラスに向ける

60歳以降の雇用関係は50代の過ごさせ方で決まると言っても過言ではない。50代を何となく過ごさせておいて、60歳直前になって急に会社への貢献度や能力がどうのこうの言っても仕方がない。人は急には変われないのだから。

この先、65歳はもちろんのこと、70歳ぐらいまで働くことが普通の時代になると思う。そのためにも50代を準備期間と捉え、心・技・体のバランスに配慮しながら元気づけて輝かせることが重要となる。

【人の気持ち視点】

後継者への事業継承については、表には出にくい人の気持ちの引き継ぎが重要であり、特にベテランの古参従業員への配慮は欠かせない。

また、50代は親の介護、看取《みと》り世代でもあり、そのようなつらい立場を理解しながら、もしもの時は悲しみに寄り添う姿勢に人はグッとくる。

さらには、お局《つぼね》さん対策などは力で抑えつけるのではなく、その方たちを包み込むような配慮も大切だ。

何かとつらい立場にある50代には、人の気持ちに働きかける人間関係づくりがより重要になる。

【法律の視点】

まず日頃からの健康管理については、労働安全衛生法などの関連法令に基づきキッチリと実施し、実施後のフォローで安全配慮義務によるリスクを軽減する。

また、従業員の役員登用については、本人のみならず家族にもメリット・デメリットや法律上の制約を納得させたうえで行う。

介護については、関連する法令も改正されており、法律上の制度や義務、雇用保険からの給付金手続きなど、会社として支援できることは漏れがないようにしておく。

【経営の視点】

65歳までの継続雇用を考えた場合、従業員の健康管理や介護による離職防止は円滑な経営活動という点からも重要だし、介護離職ゼロ対策は国策ともなっている。

また、50代の10年間において、あるべき姿を示し、働き方の修正や挑戦の機会を与えることは、60代からの働きの質を高めるためにも欠かせない。

さらに、ベテランであるが故に過《あやま》ちを起こしてしまうこともあるだろうが、そのようなことが起こりにくい環境づくりも、経営リスク対策として重要である。

1 社長交代時は人の気持ちも引き継ごう

これも巡り合わせだろうが、社長交代時に、先代の子飼いである従業員が50代になっていることが多い。もちろん、社長が交代しても従業員との雇用関係は継続するが、難しいのは古参である50代従業員の気持ちの引き継ぎだ。

後継者不足の昨今、親の後を継いでくれる子というのは本当にありがたいが、継いでくれる子が思いきって仕事ができるためにも、法律上の承継手続きと並行して、従業員の気持ちの引き継ぎもしておきたいものである。

1 理屈で片づかないこともある

先代が40歳ぐらいで創業し、70歳ぐらいで40歳の後継者へバトンタッチとなることが多いので、どこの会社でも同じような巡り合わせになりやすく、B社もそうだった。

◆社長交代手続きは完了

B社の場合、社長交代は数年前から予定されていたので、仕事関係は後継者が実質的に取り仕切っており、社内でも既定路線だった。銀行や取引先との関係も、自然な流れで引き継がれていたようである。

また、社長交代には様々な事務手続きも必要だが、具体的な手続きに取り掛かったのは、その年の税務申告が終了した5月半ばからだった。代表取締役変更登記、建設業許可関係の変更、その他法律関係の手続きや、取引先への社長交代挨拶状発送など、手続きは予定どおり終了した。

◆社内の雰囲気が微妙に

先代は30年ほど前に建設業を立ち上げ、裸一貫から従業員30人の会社にした、人情派のたたき上げ社長だった。

一方、大学卒業後、大手ゼネコンに10年間勤務した後に、後継ぎとして入社してきた新社長は今年40歳、一級建築士など多くの資格を持つ理論派である。

口下手の先代は、今回の社長交代を従業員も当然理解していると思い、朝礼の場で「来月から常務が社長になる」と簡単に話しただけだった。しかし、従業員たちがなぜか新社長によそよそしいのである。

それに、新社長が打ち出す営業方針などにも、そっぽは向かずとも「お手並み拝見」といった雰囲気が漂っていた。

◆割り切れない従業員の気持ち

先代が会長になり、そして、その息子が新社長に就任。中小企業では別に珍しくもないごく普通の流れだ。従業員だって、そんなことは百も承知であり、それに堂々と異を唱える人などいない。

しかし、「社長の息子というだけで……」「先代には恩義があるが……」と口には出さずとも、昨日まで同僚のようにして接していた50代従業員の心のうちには、何かしらくすぶるものがある。

もちろん、こんなことは理屈でどうのこうの言うものではなく、人の気持ちの問題だ。

❷ 先代だからできる従業員の気持ちの引き継ぎ

社長交代時には少なからず今回のようなことが起きやすい。

たしかに、手続き上は社長交代が終わっているのに、人の気持ちが追いついていないのだ。

そこで先代に一役買ってもらうことになる。

◆気負いのあった新社長

ある意味二代目は大変だ。例えて言うなら、創業者が自由に建てた家を、限られた予算など制約が多い中でリフォームさせられるようなものである。

先代並みで当たり前だし、できるだけ自分のカラーにより特徴を出したい。しかし、古参従業員のほとんどは、先代に仕《つか》えてきた年上の人たちばかりである。

そこで新社長は、先代のやり方が、何となく温情的で今の時代に合わないように思え、なめられてはいけないと理屈で抑えつけようとするが、それに古参従業員の気持ちが対応しきれていなかったようだ。

◆お互いの気持ちは離れるばかり

先代にとって古参従業員は身内のようなものだ。創業時から苦楽をともにしており、雇用関係を越えた、師弟や同志ともいうような関係であることが多い。

だから、先代にしてみれば言葉にせずとも分かってくれるとの思いが強かった。しかし、当の古参従業員には、先代の思いがうまく伝わっていなかったようである。今どきは、家族でさえ言葉にしないと伝わらないが他人だとなおさらだ。

それに加えて、理論派新社長の小難しい正論が、古参従業員には何となく上から目線の物言いに受け取られたようである。

◆先代から言われれば

大体、中小企業に定年近くまでいる従業員には、少なからず「先代には雇ってもらったが、二代目には雇ってもらったつもりはない」という感覚がある。何をそんなつまらないことをと思わないでもないが、これを全面的に否定して追い詰めると、さらに面倒なことになりやすい。

だからこそ、同じことを言っても先代の言葉ならすんなりと受け入れてもらいやすく、先代から「息子を頼む」と頭を下げられれば、気持ちの引き継ぎはしやすいものだ。

一般的にオーナー会社においては、従業員が社長になることは稀《まれ》である。理屈的には分かっているものの、そのあたりのモヤモヤした気持ちを整理してやれるのは先代しかいない。

❸ 古参の幹部従業員へ思いを託すこの一通

もちろん、人の気持ちの引継ぎが手紙一通でできることはない。しかし、人望厚い先代が一文字一文字に真心を込めて書くならば、必ずやその思いは伝わるはずだ。

◆古参が変われば全体が変わる

良い会社ほど、上下の人間関係ができているものだ。もちろん、上が威張って下が仕方なく従うというのではなく、下が上をお手本にして仕事が進められているような関係である。

このような組織であれば、上の人、つまり古参の幹部従業員を納得させられれば、その部下は幹部を信じてついていく。

だから、まずは幹部へ先代の思いを伝えて、「先代がそこまで言われるのなら」と、その気にさせる。その際に差し出すのがこの手紙だ（文例2）。

口頭だけではうまく伝わらないことも、手紙を介すると伝わりやすい。

◆一文字一文字、真心を込めて書く

この手の手紙に共通して言えるが、できれば手書きが良い。字がうまいとか下手とかではなく、一文字一文字、真心を込めて書けば、相手への伝わり方が格段に違う。

内容としては、まずは日頃の勤務への感謝、次に息子を頼むという思い、そして今後の期待を盛り込む。

このようにして、息子である社長が仕事をしやすい環境をつくってやる。古参の幹部に人望厚い先代だからこそ打つことができる一手だ。

面と向かうと照れもあるし、口頭だけでこれだけのことを伝えることは難しい。

◆あらかじめ差し出してグッとさせる

手紙を差し出すタイミングとしては、朝礼などで全従業員に発表する前が良い。幹部であれば、当然事前に話もするだろうから、その直後が良いのではないだろうか。

差し出し方としては、川越式定年・継続雇用手順の多くでやっているように、全従業員に発表する直前の

文例２　社長交代時に幹部従業員へ差し出す手紙

営業部長　〇〇　〇〇様

いつも朝から夜遅くまで頑張っていただきありがとうございます。

思い起こせば創業以来、いろいろと困難な時期もありましたが、何とか乗り越えてこられました。

これもひとえに、陰に日向に私を支えてくれた〇〇部長あればのことと、心より感謝しております。ありがとうございます。

さて、先日もお話しましたが、私も今年七十歳となり、これを機に息子である〇〇に社長を任せることにしました。

〇〇部長にとっては、まだまだ頼りなく至らない社長だとは思いますが、これまで同様、何とか守り立てていただければと願っております。

建設業界は、人手不足やコストダウン要求など厳しいものがあり、会社としても生き残りをかけて、今まで以上に創意工夫していかなくてはなりません。

そのような中、これからも会社の要として、また息子の後見として大変ご苦労をかけるとは思いますが、これまで同様何卒よろしくお願い申し上げます。

平成〇年〇月〇日

代表取締役　〇〇　〇〇

給料袋に入れればさりげなく渡せる。

全従業員へ話す前に、社長交代の件を話してもらうのは幹部として当然だが、手紙までいただくことに、普通の人はグッとくるし、幹部としての自覚も高まるというものだ。これにより、直接言わなくても「頼りにしてますよ」という思いが伝わる。

2 日頃からのメンテナンスで長持ちさせる

従業員の健康管理は法律上の義務とされているが、経営上も良好な労務を長く提供してもらうためには必要不可欠だ。

特に、50代というのは何かと体にガタがきやすい年齢なので、念入りな健康管理が求められる。

一方、会社が50代の健康を気遣うといった人を大切にする姿勢は、若い従業員にも安心感を与え、会社への帰属意識も高まりやすい。

1 50代・60代は過労死予備軍

50代というのは何かとつらい立場にあるが、過労死等の労災認定も多く、もし労災認定にでもなれば、会社には大きな責任がのしかかる。

図表16　年齢階層別　脳・心臓疾患に関する労災補償請求・支給決定件数

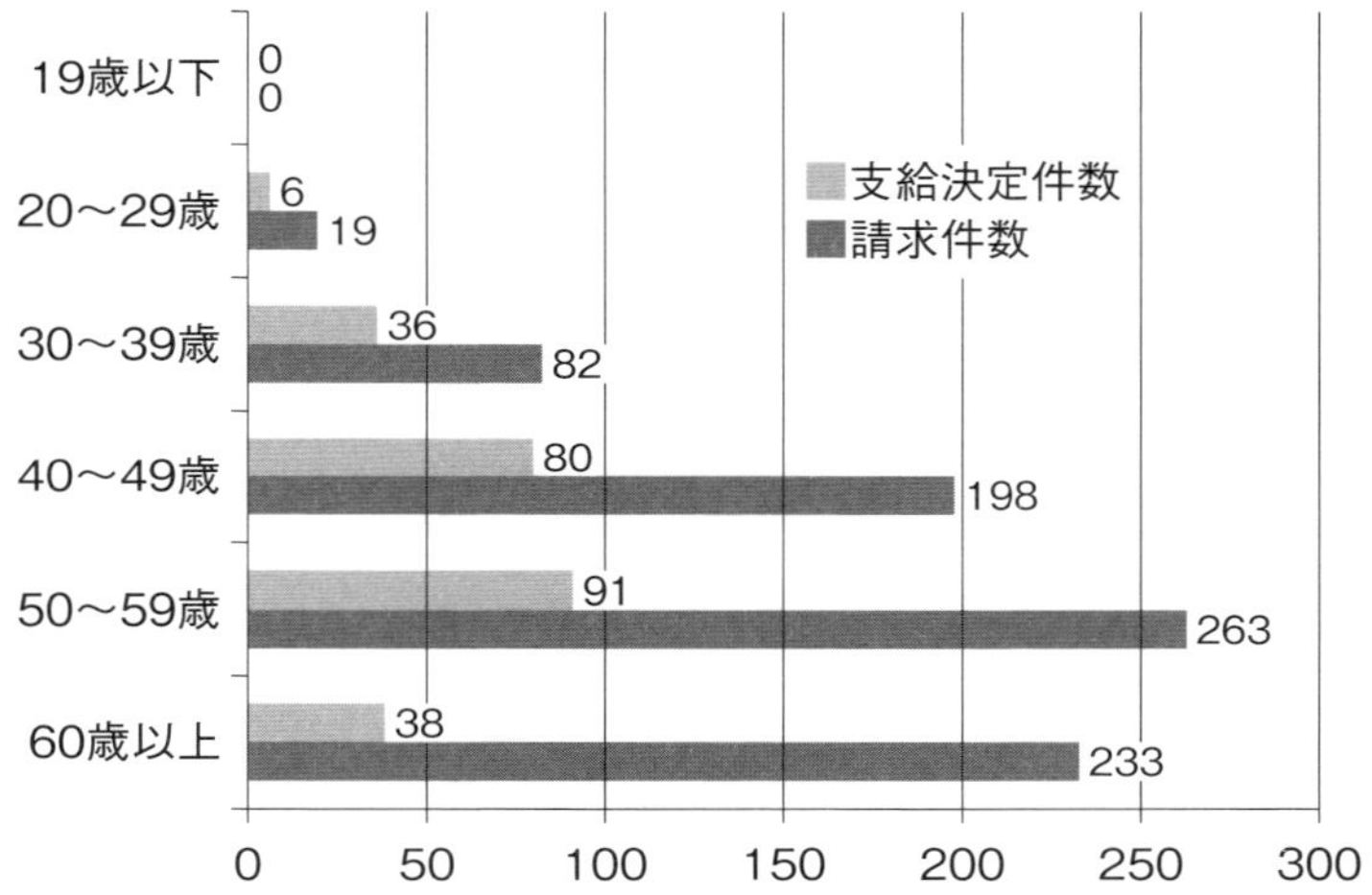

出所：厚生労働省の平成27年度「過労死等の労災補償状況」をもとに筆者作成

そうでなくても、従業員の不健康は本人のみならず会社にとっても大きな問題だ。

◆50代がピーク

厚生労働省の平成27年度「過労死等の労災補償状況」によれば、過重な仕事が原因で発症した脳・心臓疾患に関する労災補償状況のうち、年齢別には次のようになっている。

請求件数は「50～59歳」が263件、「60歳以上」が233件、「40～49歳」が198件の順で多い。また、支給決定件数は「50～59歳」が91件、「40～49歳」が80件、「60歳以上」が38件の順に多い（図表16）。

もちろん、労災認定については労働時間が大きなポイントのようだが、やはり年齢的に50代・60代は過労死等のリスクが高いことが分かる。

◆重くのしかかる安全配慮義務

安全配慮義務について、労働契約法第5条では「使用者は労働契約に伴い、労働者がその生命、身体等の安全を確保しつつ労働することができるよう、必要な配慮をするものとする」とある。

仮に従業員が、くも膜下出血、心筋梗塞などの脳・心臓疾患を発症し、労災認定されると、ほとんどの場合は、労災保険とは別に民事上の損害賠償請求をされる。

ちょうど、自動車事故の被害者が自賠責保険だけでは納得せず、多額の損害賠償請求を行うのと同じようなものだ。

◆不健康で困るのは会社

前述のように大ごとにならなくても、従業員が不健康だと休みが多くなる。もちろん、休む従業員もつらいだろうが、休んだ人のぶんまでフォローをしなくてはならない他の従業員はもっとつらい。

1日~2日の風邪ぐらいなら良いが、1か月も2か月にもなると、負担の限界を超えてしまう。

また、休まないにしても、毎日不健康で中途半端な勤務をされても、職場の雰囲気は悪くなるばかり。

基本的に健康は本人の問題であり自分自身で管理しておくべきものである。しかし、とことん悪ければ、労務の提供ができないから雇用関係は継続しないが、中途半端に悪い場合はそう簡単に辞めてもらうわけにもいかない。

❷ 健康であることが絶対条件

仕事の能力云々《うんぬん》と言うが、実のところ、健康であれば大体のことはできる。しかし、健康なんていうものは一朝一夕《いっちょういっせき》にできるものではなく、日頃からのメンテナンスが重要だ。

◆まずは健康であることが必要

寄る年波には勝てぬというが、一般には歳を取るごとに体力は衰えてくる。ちょっと深酒すると翌日に残ったり、階段の上り下りがきつかったりと、知らず知らずに衰えているものだ。

もちろん、肉体労働でなければ体力はさほど必要ないかもしれないが、何をするにしても気力は必要であり肉体が健全でないと働こうという意欲が出ない。

雇う側である会社としても、雇用を継続する要件はいろいろあろうが、とりあえずは健康で、決められた日にキチンと出勤してもらうことが最低限必要だ。

◆健康は一朝一夕には成らず

健康は大切だが、急に健康になったり急に不健康になったりするわけではない。良くも悪くも、毎日の小さな積み重ねが結果として現れる。

大体、健康な人は健康になるようなことをやっているし、不健康な人は不健康になるようなことをやっているものだ。要は、日頃の生活習慣が大事なのである。

また、病院に行っていないから健康だと自慢する人がいるが、知人のお医者さんは、「それは、病院に行かず検査していないから体の悪いところが分からないだけかもしれない」と言う。

◆日頃のメンテナンスが物を言う

車だって長く乗ろうとすれば日頃のメンテナンスが重要だ。オイル交換はもちろんのこと、バッテリーなどの電気系統、タイヤ周りなど、まめなメンテナンスが必要である。

それと同じで、人の体も長持ちさせようと思うならそれなりのメンテナンスが必要だ。食事に気を遣ったりサプリメントを飲んだりと。

ひと昔前なら、60歳まで働ける体で良かったかもしれないが、今の時代は65歳まで働けることが普通であり、それまではベストなコンディションで労務を提供してもらうことが必要だ。

❸ 50歳以降は念入りに健康管理

1年でも長く良好な労務を提供してもらうためには、まず法律で決められた健康管理をキッチリやることと、少々お節介とも思えるような生活習慣にも気を配っておくことが必要だ。

◆まずは法定の健康診断をクリアする

会社としてクリアすべきは、まず年1回の定期健康診断だ。検査項目は決められており、35歳と40歳以上は検査項目が増える。また、午後10時から翌朝5時の深夜時間帯に一定以上の勤務がある場合は、6か月に1回の健康診断が必要だ。さらに、法令で定める有害業務に就く場合には特殊健康診断が必要になる。

仮に法定の健康診断を実施していないということになれば、労働基準監督署からお叱りを受けるだけでなく、万一、前述したような脳・心臓疾患を発症でもすれば従業員の家族などから会社の落ち度を強く責められる。

◆健康診断結果をもとにフォローする

50代となれば少なからず検査結果に「要精密」などの有所見者がいるはずだが、その人たちに「キチンと精密検査を受けてくださいね」という旨を伝えて受診させることが必要だ。

健康管理もマネジメントの一種だから、計画し実施して、結果をチェックし改善策を取る、つまりPDCAが必要なのである。

また、労働安全衛生法においては、健康診断の実施と5年間の記録保存、従業員へ結果の通知を会社に義務づけており、健康診断結果は会社が受領することが前提だ。今は、プライバシー・個人情報だからと会社に結果を提出しない人もいる。しかし、そもそもプライバシー云々というのは、受領時のことではなく受領した結果をキチンと管理しているかどうかの問題だ。

◆日頃から生活習慣にも口を出す

少々不健康な人でも、会社には65歳まで雇用義務があるので、健康をつくり保つことは経営上も重要なことである。病気がちで勤められても困るし、60歳直前になって健康がどうのこうの言ったところで遅い。

本来ならもっと若い頃から節制させておくべきだろうが、せめて50代からでもキチンとした生活習慣をつけさせないと、結局会社にツケが回る。

だから、深酒、喫煙など個人的な問題であっても「65歳まで元気に働いてほしいから生活習慣をキチンとしてね」と注意しておくことが必要だ。

3　勤続年数にふさわしい働きをしてもらう

なぜか定年前になると従業員の仕事ぶりが気になりだす。「いい歳になってこの程度では……」と思うも、今まで会社として期待することを具体的に伝えていなければ、〝後出しじゃんけん〟のようなことになってしまう。

だから、50代になったら、会社としてやってほしいこと、やって欲しくないことを改めて具体的に示して、この10年間で再挑戦の機会を与えるべきなのである。

❶ 勤続年数にあぐらをかかれても困る

中小企業の多くは意図せずとも年功序列制になっていることが多い。もちろん、それ自体が問題ではないが、たまに、そのようなしくみにあぐらをかいて、仕事ぶりと賃金のバランスが大きく崩れてしまっている人もいる。

◆よくいる、こんなベテラン社員

「何とかならないものか……」。

最近、C社を悩ませているベテラン社員（事務職・50歳・勤続20年）のことである。

C社は創業以来約30年間、家族的経営で従業員を大切にする経営を実践してきた。その甲斐あって従業員の定着も良く、業績も堅実な伸びを続けている。

ところで、このベテラン社員は、採用当初から勤務成績はイマイチだったが、知人の紹介でもあったことから少々のことは大目に見てきた。しかし、冷静に考えてみれば、この先65歳まで雇用し続けることに、C社の社長は疑問を持ち始めたのである。

◆新しいことに取り組まない

今は事務職にとってパソコン技能は必須であり、最近採用する人は関連する検定も取得している。

しかし、ベテラン社員は我流でちょこちょこっとやる程度で、基本が分かっていないので応用ができない。だから、ちょっと複雑なものは若い人に頼んでつくってもらっているようだ。

また、会社で必要に迫られている「衛生管理者」の免許取得については、勤続年数からいって当然、このベテラン社員が取得に挑戦すべきなのだが、何だかんだ理由をつけて受験しない。

それ以外の業務でも「以前はこれでうまくいったから大丈夫」と、いわゆる〝経験工学〟的な発想で、新しいことに取り組まないのである。

◆仕事ぶりと賃金のアンバランス

C社では社内コミュニケーションを図《はか》る目的で、懇親会を年に3回程度、慰安旅行を毎年実施している。しかし、このベテラン社員は、毎回それっぽい理由をつけて参加しない。「たまには出席したら」と言えば「これって参加は任意のはずですよね」と、こちらの神経を逆なでするようなことを平気で言う。

そうかと思えば、とりあえずは人当たりが良いものだから、他の従業員とは仲良しこよしである。

しかし、仕事面では後輩に抜かれているのは明らかでありながら、賃金は上がっていく。

このまま、65歳まで雇用関係が続くのは……。

❷ 期待することを前もって明らかにしておく

今までやっていないことを、急に求めても無理があるし実効性が低い。だから、50歳になったことを機に、「60歳以降も継続して勤めてほしいから、これとこれはやってね」という気持ちを伝える。

これなら最長10年の猶予があるわけだから、普通の人であれば達成可能だ。

◆50代でできないことは60代でもできない

20代と30代では、成長ぶりに大きな違いが出ると思うが、50代と60代ではどうだろうか。

世の中では、65歳までの継続雇用が義務化された関係で、60代の雇用をどうすべきかということが注目されだした。65歳まで雇用義務を負う会社としては、当然気になるところである。

しかし、いくら60歳になってから、どうのこうの言っても、50代でキッチリできていない人が、60歳で劇的に変わるとは考えにくい。おそらく、50代で何となくの人は60代も何となくである。

だから、まだ修正のきく50代にあるべき姿を示しておく。

◆人は急には変われない

中小企業の場合は、採用時に面接をしたっきり、その後に昇進試験があるわけでもなく、働きぶりについて、面と向かって話すこともないのではないだろうか。それなのに、60歳間近になって突然、勤務成績、人事評価云々と言われたところでピンと来るはずがない。ピンと来ないから改善もされないのだ。人は急には変われないものである。

そして、今までの勤務態度が悪いだの、やる気がないだの厳しく言えば、パワハラ呼ばわりされかねない。「だったら、何でもっと早くおっしゃってくださらなかったのですか」と言われるのが落ちだ。

◆あるべき姿は具体的に示す

あるべき姿と現状の差（ギャップ）が問題だが、一般には現状を「悪い悪い」と指摘して終わりという会社が多い。しかし、従業員としてのあるべき姿を具体的に示さないと、何をどこまで頑張れば良いのか分からないというもの。ちょうど、走り高跳びで、バーの高さを示さずに飛ばせるようなものだ。

何も今さらこんなこと、と思わないでもないが、そのようなことが分かる従業員であれば、50代になってどうのこうのと会社を悩ませることはない。

だから、例えば事務職なら衛生管理者免許を取得すること、個人情報保護関係の資格を取得すること、などのような具体的に成果が検証しやすいものを示す。

また、目標を出しっぱなしではなく、それに応じた教育訓練の機会を設けるのは当然である。

❸ 働きに応じた評価・処遇を行うしくみにする

期待することを示したら評価することが必要になり、評価したら何らかの処遇が必要になる。ただし、極端な処遇は従業員の不安感をあおり、チームワークを崩すだけだ。

◆極端なことはしない

働きに応じた評価・処遇というと、成果主義や実力主義などと、従業員間で勝ち負けをつけるイメージがあるが決してそうではない。

勝ち負けは、勝ったほうが負けたほうの犠牲のうえに成り立つわけで誰も幸せにしないからだ。「散る桜残る桜も　散る桜」であり、勝ったほうも明日は我が身なのである。

だから、前もって示した期待項目の達成度に応じて緩やかな差を設ける程度で良い。その際に、従業員にはそれぞれ家庭事情などもあり、そのあたりも配慮してやらないと、ギスギスした職場になってしまう。

◆資格取得は客観的な評価の一つ

人が人を評価するというのはとても難しいものだ。特に中小企業の場合は、評価を実施する体制が整って

図表17　ステージ別基本給範囲のイメージ

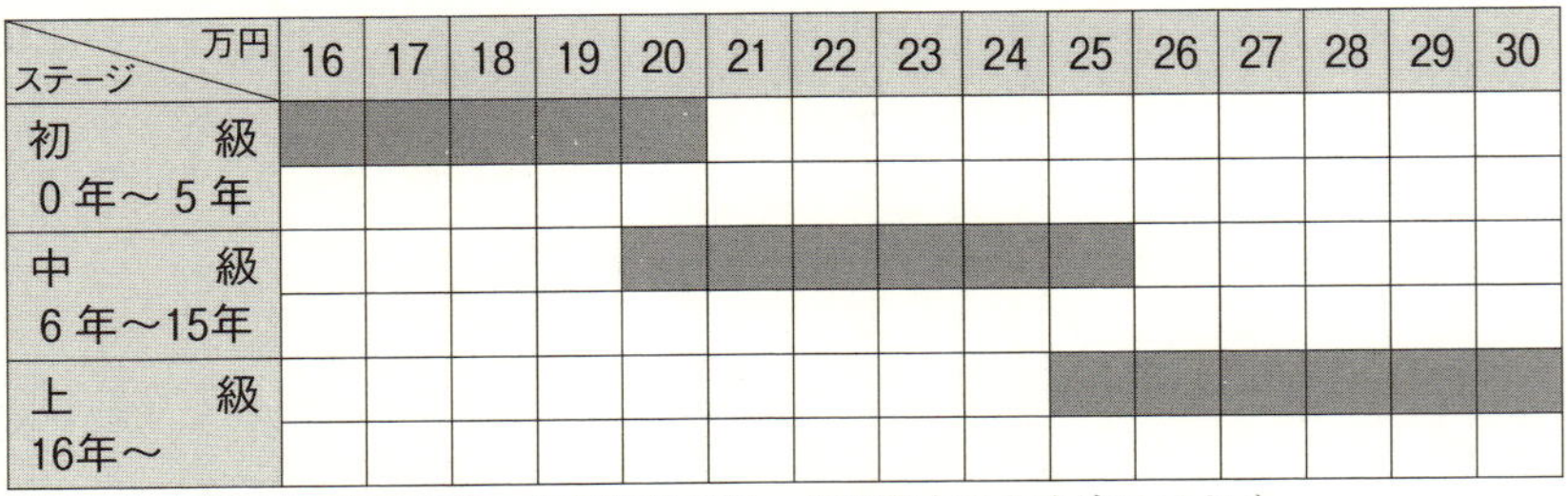

※ステージ別に、必要資格、必要勤続年数、必要能力などを定めておく。

いないことが多いので、何をどうやったところで恣意《しい》的な評価になりやすい。

そこで、客観的な評価の一つとして考えられるのが資格取得だ。もちろん、資格ありきでは困るが、少なくとも厳正に行われた試験に合格したことは客観的に評価されやすい。

そのような評価方法であれば誰からも文句を言われにくいのではないか。それに、いま日本には、あらゆる分野に膨大な数の資格があり、目標としても設定しやすく人事評価項目の一つとして活用できる。

◆基本給はステージ別に範囲を設ける

私は年功序列制が中小企業にはなじむと考えているので、極端な賃金格差は潔《いさぎよ》しとしない。

しかし、年功序列にあぐらをかいて、努力しない人まで優遇する必要はないと思う。

だから、例えば、職種・勤続年数ごとに取得の必要な資格を指定して目標とし、それをクリアしなければ次のステージに進めないしくみも必要だ（図表17）。

もちろん、資格取得だけではなく、協調性、勤務態度、業務実績なども考慮し、初級・中級・上級の3つぐらいに分けて基本給の範囲を設定する。

4 従業員の役員登用はよくよく考えよう

私は、従業員を中途半端な処遇や責任の状態で役員に登用するのは基本的に反対だ。中途半端な関係になりやすいし、原則として労災保険や雇用保険も適用されずに、その立場や補償が宙ぶらりんになるからである。

しかし、従業員のやる気を喚起するために、どうしても登用するのであれば、少なくとも役員就任の承諾、労災保険・雇用保険の代替措置、そして退職金の適用や支給方法を明確にしておくべきだ。

1 役員に登用する必要があるのか

会社員にとって役員にまで上《のぼ》り詰《つ》めるというは出世であり、職業欄に「会社役員」と書けるのも魅力かもしれない。しかし、処遇と責任がアンバランスのままに役員登用となれば、会社が考えているほどの動機づけになるのかは少々疑問である。

◆そもそも役員（取締役）とは

一般には役員ということが多いが、会社法などでは取締役といい、会社との関係は従業員のように雇用ではなく委任関係だ。制度上、株式会社は株主総会で取締役を選任し業務執行を委任する。

また、取締役には任期があり、原則として選任後2年以内の最終の決算期に関する定時株主総会終結の時までだ。ただし、定款または株主総会の決議により任期を短縮できるし、非公開会社の場合は定款により任期を10年まで延ばすことができる。

当然、取締役は労働者ではないので、原則として労働基準法などの労働者保護法制の適用は受けないし、会社の利益のために行動すべきなど職責の重さは従業員の比ではない。

◆50代にもなれば役員に

中小企業の役職というのは、勤務成績を評価して登用するというより、勤続年数と年齢によってつけるというのも少なくない。課長、部長と肩書きがエスカレーター式に出世して、ちょうど50代になった頃に、残るポストは取締役だけとなり役員就任となる。

もちろん、それはそれで社内で呼び合うぶんには問題はないのだろうが、登記をしてしまうと、会社や従業員本人にその気がなくても法律の規制を受けてしまう。

また、登記をせずに役員だと言われても、名刺に書かれれば、肩書きはひとり歩きをしてしまうし、登記もしていないような役員を引き受けて真剣に頑張ろうとする従業員がいるのだろうか。

◆動機づけなら従業員のままで十分

課長、部長と出世し、その後に役員就任となれば、まことに結構な出世物語であり、動機づけとしてはこの上ない。

小さな頃、親の職業欄に「会社役員」と書いてあるのを見て、子どもながらに何となくあこがれを感じたこともある。

しかし、役員となれば賃金ではなく役員報酬ということで、思った時期に増減できないし、賞与支給も制約がかかる。もちろん、使用人兼務役員と認められれば別だが、それはあくまで例外措置だ。

もし、従業員の動機づけのためなら、かえって従業員のままのほうが処遇などの自由度は高い。

❷ 中小企業ではデメリットも多い

良かれと思ってやった役員登用が、中小企業では意外にデメリットも多い。その立場が中途半端になりやすいことや労災保険、雇用保険が原則として適用されないことだ。結果として、従業員のモラルが下がりやすい。

◆中途半端な関係になりやすい

役員なのに決算書も見せてもらっていない、という笑い話のようなことを以前聞いたことがある。そこまではないとしても、役員となれば責任も伴《ともな》うが、それに見合う処遇も必要だ。

中小企業においては、株式のほとんどを所有する社長以外で、会社経営に責任を持てる人間はいないはずだ。だからこそ、社長は仕事を我が事として命懸けで取り組むが、それは会社事業に対して全責任と権限があるからできることである。

しかし、そのようなことを従業員役員に求めるのは酷であり、結果として中途半端な関係になってしまう。

◆原則として労災保険、雇用保険は適用されない

労災保険というのは労働者災害補償保険だから原則として役員には適用されない。もちろん、実態が労働者と変わらず、労働の対価として賃金を受けている者は労働者扱いになるとされているが、それはあくまで

例外措置だ。

また、雇用保険についても、労災保険に準じた取り扱いをされており、所定の手続きをして行政官庁の承認があれば役員でも加入できるが、これも例外措置である。

もし、労働者扱いの要件を満たしていなかったり、所定の手続きを踏まずにいれば、宙ぶらりん状態であり、いったん、労災事故や何らかの理由で離職せざるを得なくなった際に問題が噴き出す。

◆名ばかり役員だとモラルが下がる

たしかに、大手企業の取締役ともなれば、高級車での送迎がついたり、個室、秘書がついたりと、それなりにメリットもあるだろう。もちろん、その裏側には重い責任もつきまとうのだろうが。

しかし、中小企業の場合は役員とはいうものの、ほとんどが従業員の延長線的な処遇であり、いわゆる名ばかり役員になりやすい。だから、基本的に役員になりたがる人は少ないのではないか。

それなのに、無理に役員にしてしまえば、動機づけどころかモラルの低下を招くのは必定だし、仮に役員就任が、税法や許認可など会社都合だったりすればなおさらだ。

❸ どうしても役員にするならココまでやっておく

まずは、本人と家族へ役員になることの意味合いを丁寧《ていねい》に説明し納得のうえで就任してもらう。

また、労災保険、雇用保険、退職金の適用について明確にし、必要な手続きはキチンとしておく。

◆丁寧に説明して家族の同意を得ておく

従業員を役員にすることの主なデメリットは前述のとおりだが、不満が出るのは本人からというより、その家族からであることが多い。「何で夫は労災保険が使えないのか」「何で失業保険が出ないのか」。

意外にも家族は役員就任を知らなかったり、知っていてもどのようなデメリットがあるかまでは理解していないものだ。

だから、役員就任の意味合いを本人へ伝えるとともに、役員就任承諾書に家族も含めてサインをもらっておく(図表18)。これはあくまで役員就任の商業登記に使うのではなく、後々のトラブルを防ぐためのものだ。

何もここまで、と思われるかもしれないが、役員に登用するのであればこれぐらいはやっておくべきであり、できないのであれば役員登用などすべきではない。

◆労災保険、雇用保険に代わるものを準備する

前述したとおり、役員には原則として労災保険は適用されないし、仮に仕事中のけがだと健康保険も使えない。そこで、労働者扱いの役員として認められないような場合は、労災保険に特別加入させる。特別加入させるには労働保険事務を労働保険事務組合に委託することが必要だ。

または、民間の傷害保険などに加入することも考えられるが、治療代、障害補償や遺族補償など労災保険と同じぐらいの給付となると保険料はかなり高くなるはずである。

雇用保険については、労災保険のように特別加入制度がないので、もし必要なら自社で準備するしかない。

◆退職金の適用や支給方法を明確にしておく

役員と従業員の退職金は通常、別規程になっている。オーナー役員と違い、雇用関係の延長線上にあるような役員の場合は、どちらの規程によるのかを、それぞれの規程の中に明確にしておく。

図表18　役員就任承諾書例

役員就任承諾書

○○株式会社
代表取締役　○○　○○殿

私は会社から要請のあった役員（取締役）就任について、下記事項を確認のうえ承諾します。

平成○年○月○日

本人署名＿＿＿＿＿＿＿＿＿＿

家族署名＿＿＿＿＿＿＿＿＿＿

記

①就任年月日	平成○年○月○日
②任　　　期	平成○年○月○日から平成○年○月○日
③役員の定年	満70歳とする。
④報　　　酬	月額○○○円　ただし、賞与はなし。
⑤労災保険	役員のため特別加入する。
⑥雇用保険	役員のため適用なし。
⑦退　職　金	従業員期間中の退職金は役員就任時に支給する。 役員期間中の退職金については、役員退職金規程による。
⑧そ　の　他	役員は会社とは雇用関係ではなく委任関係なので、労働基準法等労働諸法令及び就業規則は適用されない。 また、場合によっては会社法等により取締役としての責任を問われることがある。

以上

例えば、従業員退職金規程を適用するなら、同規程の対象者に「使用人兼務役員」を記載する。

一方、役員退職金規程の対象者に「使用人兼務役員を除く」というように盛り込む。

なお、従業員扱いの役員について、法律により呼称は様々だが、退職金は税金が絡むので、税法上で使われる「使用人兼務役員」という名称にした。

仮に、役員退職金規程を適用するのであれば、従業員としての退職金をどの時点で支払うのかなどを明確にしておく。

5 親の介護世代に配慮する

60代以降の雇用をイキイキさせるには、50代の過ごさせ方が重要だが、この世代に迫ってくるものに親の介護があり、仕事と両立できずに離職してしまうことも少なくない。

そして、中小企業で中枢《ちゅうすう》を担う50代の離職は会社の戦力を大きく低下させてしまう。

従来とは違って、需要側だけではなく供給側、つまり働く人の家庭事情にも配慮しなくては会社経営が成り立たない時代となっている。

図表19　年齢階級別雇用者に占める介護者の割合（平成24年）

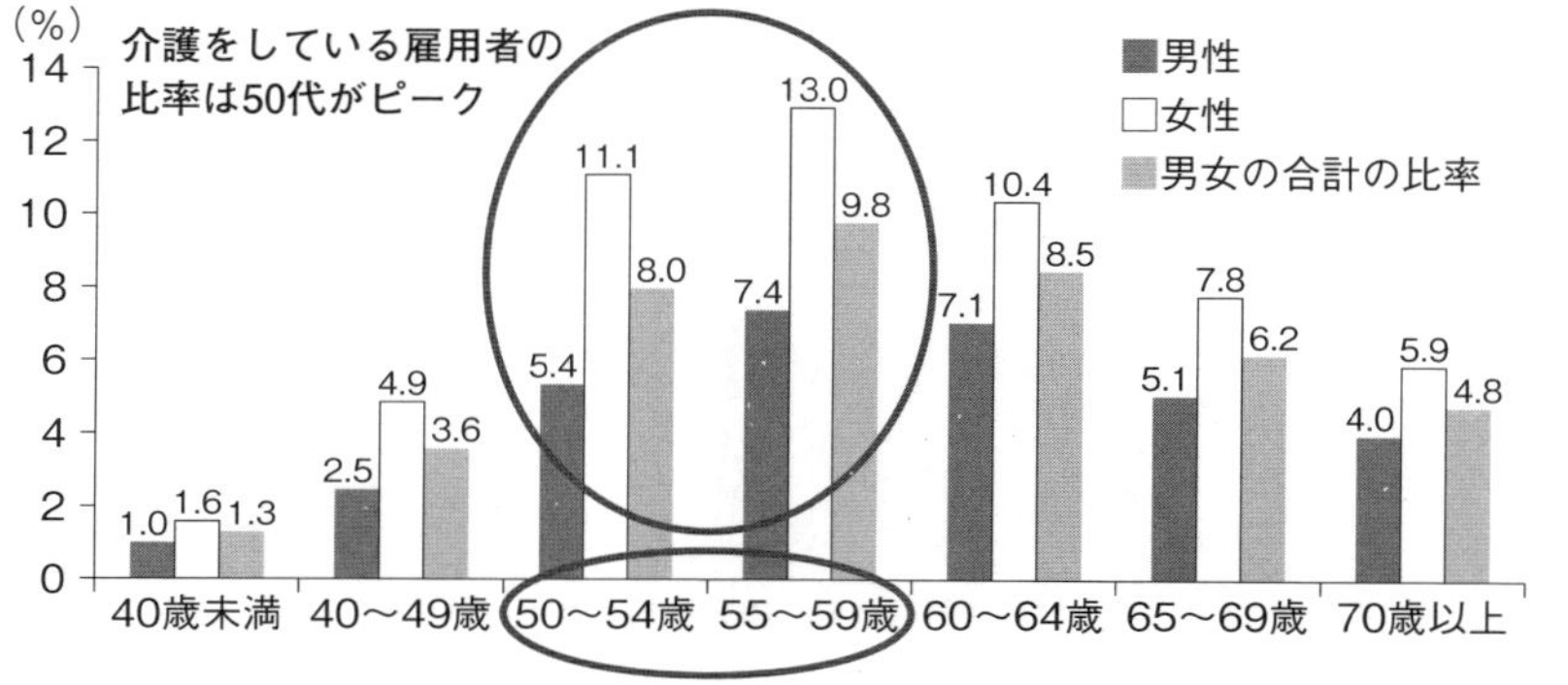

注：「介護をしている」とは……日常生活における入浴・着替え・トイレ・移動・食事などの際に何らかの手助けをする場合をいい、介護保険制度で要介護（要支援）認定を受けていない人や、自宅外にいる家族の介護も含まれる。ただし、病気などで一時的に寝ている人に対する介護は含まない。なお、ふだん介護しているかはっきり決められない場合は、便宜、１年間に30日以上介護をしている場合を「ふだん家族の介護をしている」とする。

出所：総務省「平成24年就業構造基本調査」より作成

❶ 50代は親の介護世代

平均出産年齢からしても、ちょうど子が50代になった頃に親の介護が必要になってくるが、育児と違って先が見えないぶんつらいところだ。

また、介護による大量離職となれば国にとっても痛手であり、介護離職ゼロは国策ともなっている。

◆統計的に見ても50代従業員の介護負担は増える

総務省の「平成24年就業構造基本調査」によれば、雇用者に占める介護者の比率は50代がピークになっている。特に女性の比率は男性の2倍近くとなっており、相対的に女性の負担が大きいことが読み取れる（図表19）。

実際、私が関与する会社においても、40歳代後半から介護の課題に直面する人が現れ、50歳から定年退職までの間、介護に関わられる方が多い。

また、少子化の進行に加えて未婚率、離婚率も高く、独身者が多いことからして今後は男女を問わず、ますます介護の負担が増えるはずだ。

仮に配偶者がいたとしても、配偶者が自分の親の介護を担ってくれるとは限らない。

◆先が見えない不安

公益財団法人生命保険文化センターの「平成27年度生命保険に関する全国実態調査」によれば、介護期間は4～10年未満が29・9%で最も多く、平均介護期間は約5年、10年以上も15・9%あった。

実際、私の周りでも親の介護をされている方は多く、一人で複数の介護という方も少なくない。それに、1年かかるのか2年かかるのか先が見えないぶん不安も募《つの》るというもの。

法律では「育児・介護休業法」と一緒になっているので、よく育児・介護は一緒に論じられることが多いが、一定期間で確実に終了する育児とは携わる人の負担は根本的に違う。

◆介護離職ゼロは国策

平成28年6月2日に閣議決定された「ニッポン一億総活躍プラン」にも、「介護離職ゼロ」は新たな3本の矢の一つとして位置づけられた。

東京オリンピック・パラリンピックが開催される平成32年には、いわゆる団塊の世代が70歳を超えるが、その介護のために団塊ジュニア世代が大量離職すれば、経済社会は成り立たない。

そのために、介護をしながら仕事を続けることができる、「介護離職ゼロ」という明確な目標を掲げ、現役世代の「安心」を確保する社会保障制度へと改革を進めていく、とある。

②介護休業を支える制度は

介護離職ゼロに向けて、介護をしながら仕事も続けられるように、介護休業関連制度や経済的負担を軽減するための給付金制度も充実してきた。

◆育児・介護休業法の規定は

同法は平成28年3月に改正され、一部を除き平成29年1月1日から施行されるが、介護休業関係の主なポイントは次のとおりだ。

【介護休業】 2週間以上の期間にわたり、常時介護を必要とする対象家族1人につき通算93日まで、3回（改正前は1回限り）を上限として、分割して取得できる制度だ。

【介護休暇】 要介護状態にある対象家族の介護などを行うために、1年に5日（対象家族が2人以上の場合は10日）まで取得できる休暇だ。取得は半日（改正前は1日）単位の取得ができる。

【所定労働時間の短縮措置等】 要介護状態にある対象家族の介護をする労働者に対して、対象家族1人につき、次の①～④のいずれかの措置を講じなければならない。なお、介護休業とは別（改正前は介護休業と通算して93日の範囲内で取得可能）に利用開始から3年の間で2回以上の利用が可能だ。①所定労働時間の短縮措置、②フレックスタイム制、③始業・終業時刻の繰り上げ・繰り下げ、④労働者が利用する介護サービス費用の助成、その他これに準ずる制度。

【所定外労働の制限】 対象家族1人につき、介護の必要がなくなるまで、所定外労働の免除が受けられる（改正前は制度なし）。

◆雇用保険の介護休業給付は

対象家族の介護のために、介護休業をした場合、一定の要件を満たすと介護休業給付金を受給できる。受給できるのは、原則として介護休業開始前２年間に賃金支払い基礎日数が11日以上ある月が12か月以上ある雇用保険の一般被保険者（平成29年１月から65歳以上の高年齢被保険者も対象となる）だ。

受給できる額は、「休業開始時賃金日額×支給日数×67％」である。ただし、平成28年７月31日までに開始した介護休業についての支給率は67％ではなく40％だ。

また、支給日数は同一の対象家族について最大３回分割（平成28年12月31日までは１回限り）、通算93日までである。

３　介護への対応はフレックスタイム制がなじむ

もちろん、一部の業種では導入が難しいかもしれないが、前述した育児・介護休業法により義務づけられた、所定労働時間の短縮措置等にいう４つのうち、フレックスタイム制について述べる。

◆介護に臨機応変に対応するには

中小企業において、50代というのは中枢であることが多く、介護に携わっている期間でもとにかくちょっとでも会社に顔を出してくれるだけで助かる。

介護は先が見えないため、自分が介護に専念してしまうと仕事に復帰できなくなるので、利用できる介護サービスに頼ることも必要だ。

また、私自身が20年ほど前に亡き父の介護をした経験から、終日介護に従事するというより、介護の状況に応じて、臨機応変に堂々と仕事を抜けられるほうがありがたい。

そうなると、一部の業種を除けばフレックスタイム制が介護にはなじむ。

◆フレックスタイム制とは

フレックスタイム制とは、1か月以内の一定期間（清算期間）における総労働時間をあらかじめ定めておき、労働者はその枠内で各日の始業及び終業の時刻を自主的に決定し働く制度だ。

例えば、朝は介護をしてから10時に出勤し、その代わり夕方そのぶん遅くまで仕事をするなど、1か月に決められた時間働くことを条件に毎日の勤務時間を自由に設定できる。

これなら、会社にも出勤するので部下に仕事の指示をしたり、必要な業務もこなせるので業務への支障が少なくて済む。

◆導入はこのように行う

もちろん、フレックスタイム制は介護以外でも導入可能だが、まず、介護を行う従業員のために導入する旨と、適用する対象者も具体的に決める。

次に、就業規則やこれに準ずるものにおいて、始業及び終業の時刻をその労働者の決定にゆだねる旨を定める。また、対象となる労働者の範囲などを労使協定に定めておく。

そして、誰がフレックスタイム制により勤務しているのかを社内に周知し、他の従業員に気兼ねすることなく勤務できるようにする。

6 従業員の悲しみに寄り添う

愛する者との別れは誰にでもやってくるが、身近なものとしては親との別れだ。それも50代の、会社でも家庭でも責任が重くのしかかる時期なので、気持ちが萎《な》えそうになる。

そんな時に、さりげなく寄せられる思いやりに多くの人はグッとくるものだ。

代替わりして数年経つも、いまだ二代目社長との関係がイマイチしっくり来ていなかったベテラン社員の気持ちが、何となく打ち解けていく。

1 親を亡くした悲しみはいかばかりか

何かとつらい立場の50代ベテラン社員だが、そのような時に限ってやってくる親との別れ。

そして、悲しい別れから半月ほど経った頃、悲しみとともに心にぽっかりと大きな穴が……。

◆50代になれば親との別れも

愛別離苦《あいべつりく》とは仏教でいう八苦《はっく》の一つで、親・兄弟・妻子など愛する者と別れる苦しみを指すが、最愛なる親との別れはまさに愛別離苦である。気丈に振る舞っていても、その悲しみはいかばかりか。

厚生労働省の「人口動態統計」（平成25（２０１３）年）によれば、初婚の平均年齢は、１９８０年では男性が27・8歳、女性が25・2歳、第一子出産年齢は女性で30・4歳だ。また、同省の「平成26年簡易生命表」によれば、平均寿命は、男性が80・5歳、女性が86・83歳となっている。

このようなデータから推測すると、今は50代になると親を看取ることが多くなる。

◆お通夜、お葬式への参列は当たり前

従業員の親御さんのご不幸となれば、何を差し置いても社長がお通夜、お葬式へ駆けつけるのは当然であり、人間関係を保つうえで欠くことはできない。

冠婚葬祭とはいうが、人付き合いで弔い事が重要なのは従業員との関係でも同じことであり、このような時の対応の積み重ねが大きな信頼関係を築くものだ。

いくら時代が変わろうと、悲しみのどん底にある時にかけられる情けほど心打つものはない。もちろん、他の従業員もこのような社長の行動に心惹かれるものである。

◆心の中にぽっかりと大きな穴が

お通夜・お葬式と行事が立て込んでいる時は実感しづらいが、それを過ぎた頃になると親の死が現実のものとして受け止められるようになる。これまで、苦労しながら育ててくれた親のことを思えば、心の中にぽっかりと大きな穴が……。

たしかに、最愛の親御さんを亡くした悲しみを、たやすく癒《いや》してやれるだけの方策はないだろうが、心から染み出すやさしい言葉をかけられるだけでも救われるというもの。

もし、それが意外な立場の人からだとなおさらだし、そのようなことをきっかけに、今までそうでもなかったお互いの人間関係がグンと深まることだってある。

２ お葬式直後の給料袋に思いを添える

思っていても面と向かって伝えるのは照れくさいのならば、その思いを手紙に託す方法がある。それに、手紙は給料袋に添えればさりげなく渡せるし、そのことが、巡り巡って社内に良い雰囲気を醸《かも》し出す。

◆寄り添いながら元気づける

喜びは人に話して共有することにより倍になり、悲しみは人に話して共感することにより半分になるという。

思ってはいても面と向かって口に出せないのが昭和の人間には多い。だから「今はつらいだろうが、私たちはあなたのそばにいて支えるから」という思いを一通の手紙に託す。

ともすると、社内で疎《うと》んじられやすいベテラン社員の気持ちに寄り添いながら元気づけることができる。50代といっても、中小企業ではまだまだ中心的役割を担ってもらわないといけないわけで、慰めながらも激励の言葉も少しだけ盛り込みたい。

◆給料袋だとさりげなく渡せる

思いをさりげなく伝えるのに好都合なのが給料袋だ。一般的に給料日は、お葬式から遅くとも1か月以内にやってくるが、この日はお互いの雇用関係をいちばん意識する日である。

また、ちょうどその頃になればお葬式や一連の行事なども終わり、張り詰めていた気持ちが緩むぶん、改めて悲しみがこみ上げてくるからだ。

それに、この手の手紙は面と向かってこれみよがしに渡すと、かえって相手の負担になりやすいので、給料袋に入れてさりげなく渡すほうが良いし相手の心に響きやすい。

◆社内にも伝わる社長の思い

中小企業は社長と従業員が一緒に仕事をするので、言葉には発しなくても、社長の思いは良いことも悪いことも伝わりやすい。親御さんを亡くした従業員への対応にしても、社長自身が考えている何倍も注目されるものだ。

また、ある程度の規模だと給料計算事務を従業員が行うが、当然、社長の心くばりはその給与計算担当者も知ることになる。「うちの社長は、従業員のことをここまで……」と。

そして、このようなことは直接口に出さずとも、巡り巡って良い塩梅《あんばい》で社内に広まり、良い雰囲気を醸し出す。

❸ 多くの人はこれにグッとくる

悲しみのどん底にある時に、二代目社長からのちょっとした思いやり。人の感覚というのはほぼ共通しており、多くの人はこのようなことにグッとくるものだ。

◆手書きだと感動がグンと高まる

この手紙はできるだけ手書きにする。字がうまいとか下手とかではなく、社長が一文字一文字に思いを込めながら書けば、従業員の気持ちはそれだけで癒されやすい。

内容としては、次の文例のようなことが考えられるが、悲しみに寄り添いながら慰めることがポイントだ（文例3）。

もちろん、それぞれ事情が違うので、文例までのことが書けないこともある。その場合は一筆箋《いっぴつせん》に「悲しみがたやすく癒えることはないでしょうが、一日も早くお元気になられますようお祈りします。」のひと言でも構わない。このひと言でも、もらった人へ思いは十分伝わる。

文例3　お葬式直後の給料袋に入れる慰めの手紙

〇〇　〇〇様

いつもありがとうございます。

さて、先日は御父上のご逝去、さぞお力落としのことでしょう。お通夜、お葬式と何かと大変だったことと思います。

私も三年前に先代である父親を亡くしており、親を見送る辛さは痛いほどわかります。これといって力になれることもありませんが、何か困ったことがあったら何でも言ってください。できるだけのことはさせていただきます。

思い起こせば、〇〇さんには先代が亡くなった後も営業部長として、非力な私を支えてくださり、いつも感謝しております。

これからも、無理なことをお願いすることも多いとは思いますが、これまで同様よろしくお願いいたします。

ここに、改めて御父上のご冥福を心よりお祈り申し上げます。

代表取締役　〇〇　〇〇

平成〇年〇月〇日

◆ベテラン社員の気持ちに共感する

コミュニケーションでは共感が大切といわれるように、ベテラン社員の気持ちに共感することは重要である。しかし、実際のところは自分が経験していないことに「あなたの辛さは分かりますよ」などと共感しても嘘っぽいものだ。

だから、もし同じ経験をしていなければ「今、つらいですよね」、つまり、こちらがどうかではなく、相手の気持ちに寄り添い、確かめるような語りかけが良い。テレビショッピングでよく聞く「腰の痛みつらいですよね」のように。

◆まさかに感動がある

文例は二代目社長が差し出すことを想定している。

どういうわけか、多くの会社でこのような巡り合わせとなるからだ。

創業者である先代から代替わりした40代の二代目社長と、先代から育てられた50代のベテラン社員。いくらベテランとはいえ、従業員は従業員であり、その関係は日頃から微妙であることが多い。

そのような中にあって、お葬式からしばらくして届く二代目社長の思いの込もった手紙。

「おっ！　社長が……」。

7 古参従業員の力をプラスに向けよう

50代の従業員というのは、中小企業でも勤続年数が20年程度となっており、古参として社内でも社外でも影響力が大きい。

もちろん、ほとんどの人たちは会社の中枢として力を発揮しているのだろうが、稀にその力が困った方向に向いてしまう人もいる。

具体的には、お局さん化、業務上の不正、そして静かな謀反《むほん》だが、何もない時に、それなりの手を打っておくことが大切だ。

❶ お局さんも悪いことばかりではないが

一般に厄介者扱いされやすいお局さんでも、活用次第では会社の秩序維持に役立つ。

そのためには、力で抑えつけるのではなく、やんわりと先手を打って、お局さんの持つ力をプラスに向けさせることも一つの手である。

◆お局さんとは

広辞苑（岩波書店）によれば、宮中で局を有する女官、すなわち典侍《ないしのすけ》・掌侍《ないしのじょう》・命婦《みょうぶ》などの敬称、江戸時代、大奥で局を有する奥女中とある。また、俗に勤続年数が長く職場で隠然《いんぜん》たる影響力を持つ女性を揶揄《やゆ》していう語ともある。ともあれ、昔からそれなりに力を持つ人の呼び名のようだが、今の職場ではその力がマイナスに評価されやすい。

しかし、お局さんと言われる人の中には、会社のためを思って、あえて嫌われ役になってくれていることも多く、これで社内の秩序が保たれている場合もある。

ただ、今の若い人たちは家庭でも学校でそんなに厳しいしつけを受けておらず、お局さんの愛のムチに耐えられるだけの耐性がないこともある。

◆隠然たる影響力を持つお局さん

社内の雰囲気はトップで決まるのは当然だ。しかし、表面にははっきり現れないが、何となく勢いや重みのあるお局さんは、社内の雰囲気づくりに良くも悪くも大きな影響力を持つ。

そうなると、社内の指示命令系統が複雑になるというか、表の組織と、お局さんが牛耳《ぎゅうじ》る裏の組織ができてしまい、他の従業員は余計なエネルギーを費《つい》やすことになる。

もちろん、一般にトップの前では一見普通の人を演じているので気づきにくいが、新入社員が早期に入れ替わる場合は、お局さん的な人の力がマイナスに働いている場合が多い。

◆やんわりと釘をさしておく

いくら問題のあるお局さんでも無理に排除しよ

文例4　新人を迎える前に古参従業員へ差し出す手紙

○○　○○様

いつもありがとうございます。

さて、来週から新人が入ってきます。

未経験者なので、慣れるまでは指導など大変かとは思いますがよろしくお願いいたします。

○○さんには、日頃から私が言いにくかったりすることも、時にはあえて嫌われ役になって若い人たちを指導しくださり大変助かります。

もちろん、若い人たちは打たれ弱いところもあり、そのあたりのさじ加減も難しいところですが○○さんなら安心です。

どうぞよろしくお願いいたします。

平成○年○月○日

代表取締役　○○　○○

うとすれば反発され、その矛先《ほこさき》は、他の従業員や顧客に向けられやすい。だから、お局さんの力をプラスに向けるような手を打っておく。

それが、この手紙だが給料袋に入れてさりげなく渡すことを想定している（文例４）。

もちろん、お局さんを排除することが目的ではないので、そうでない人にも新人に接する人には差し出す。人は先に褒められると変なことはできないもので、新人を優しく育てようという気のなかった人もそのような気になる。人の中にある善意に訴えるのだ。

もう一つの狙いとしては、「会社はあなたの行動・言動を見てますよ。下手なことはしないでくださいね」と、やんわりと釘をさしておくこともある。

❷ 不正をさせない環境づくりも愛情

そもそも、中小企業には不正が起きやすい環境がある。もちろん、大手企業のようにチェック体制を強化していても起きるのだから未然防止には限界があるが、それでも最低限のことはしておき、不正を起こさせないようにしておくことも愛情だ。

◆不正が起きやすい環境

中小企業では、仕事に人がつくのではなく、人に仕事がつくことが普通だから、配置転換、転勤などは大手企業に比べて少ない。

だから一人の人が10年、20年と同じ仕事をするわけで、経験は積むものの担当者以外は誰もその仕事が分からない状態になってしまう。分からないから間違っていても誰も気づかず、そもそも少人数の職場だと、ベテラン社員などの間違いを指摘すること自体はばかられる。

また、外部との関係でも人間関係が深まれば融通も利《き》くようになるが、度を過ぎれば癒着《ゆちゃく》ということになりかねない。

使い込み、キャッシュバック、商品横流しなど、起こるべくして起こっているともいえる。

「まさか、こんなことをするとは」となることも……。

◆起きてからの対応には限界がある

従業員が不正行為をした場合の対応としては、就業規則に基づく懲戒処分と損害額に対する民事上の損害賠償請求、それに警察への刑事告発が考えられる。

しかし、刑事告発はともかく、会社には従業員を管理監督する責任があるとされており、仮に不正をしたからといって、会社が思うような懲戒処分や損害賠償請求は無理だ。

また、仮に身元保証人を取っていたとしても、厳格に更新でもしていなければ20年も前の身元保証など何の役にも立たない。身元保証の有効期間は原則3年、期間の定めをしても5年が上限だ。

要は、起きてから騒いでみたところで、会社に有利な展開にはなりにくい。

◆だからこれぐらいのことはやっておく

チェックといえば従業員を疑うように思われるが決してそうではなく、不正ができないような体制にして従業員に過《あやま》ちを起こさせないことが目的である。

例えば日常的に行えるとしたら次のようなことだ。

- 売掛金があるような会社であれば、少なくとも年に1度ぐらいは取引先から残高確認書をもらう。

・売掛金残高は年齢調べを行い遅延理由を明確にさせておく。
・回収金をたらい回しにしていないかを確認する。
・商品の持ち出しは２人体制で行ったり、返品伝票と現物の確認を行う。
・代金回収や支払いは銀行振り込みにより行うことを徹底する。

❸ お互いに綺麗な関係にしておく

従業員とは別れやすく、つまり変な貸し借りなしにしておくことが大切だ。もちろん、愛情を持って雇用するのは当然だが、お互いに綺麗な関係にしておかないと、イザという時に英断を下せないこともある。「情けは情け、法は法」だ。

◆分かってくれている過信は禁物

従業員も勤続20年以上、50代になれば経営者とは雇用関係ではなく同志のような感じになる。もちろん、それぐらいのつもりで働いてもらえるというのは経営者冥利に尽きるというものだ。

しかし、ここで気をつけておかなくてはならないのが、労働基準法などの法律の適用は若い従業員と何ら変わらないということである。

例えば、労働時間や残業手当、年次有給休暇など、ベテラン社員は気にしていないような口ぶりをするかもしれないが、それを鵜呑《うの》みにしてしまうのは禁物だ。

◆貧《ひん》すれば鈍《どん》するということもある

人には少なからず表裏がある。今の人たちは理不尽なことにはハッキリ、ノーと言えるが、良くも悪くも昭和の人間は思っていても面と向かっては言えない人が多い。

それでも、それなりに処遇を受けているうちは我慢もできていたものが、閑職に追いやられたり、辞めさせられるような素振りをされると邪気が見え隠れしだす。

「こんなことは言いたくはないが……」「〇〇さんだから言うけど……」などと、あちこちで不満を撒《ま》き散らしていくことだってある。

◆弱みを握らせない

日頃から別れやすく、別れ際は綺麗にしておくことが私の持論だが、60歳定年で辞めるかもしれない従業員には、弱みを握られるようなことは絶対にすべきではない。

例えば、残業代の支払いや年次有給休暇の管理などは意識して綺麗にしておくべきだ。このようなことは分かりやすいから愚痴のネタにされやすい。

また、長く勤めて気心が知れているからと、不正なことに加担させれば、加担させられた従業員だってつらい思いをするだろうし、今の時代は下手をすると命取りとなる。

労務小話　第3話　マイナンバー実務検定

おかず　ご隠居さんは資格や免許をいっぱい持ってらっしゃるそうですね。

ご隠居　おう、持っておるぞ。簿記、英語検定に運転免許、最近はマイナンバー実務検定なんていうものも取った。これが合格証書のファイルじゃ。

おかず　すっごーい。まるで「１００の資格を持つ女」ならぬ、ご隠居ですね。ところで、会社でも社員の資格取得を奨励してるもんですから、私も何か取ろうと思うんですが、そのマイナンバー検定っていうのが良いですね。

ご隠居　これは、いわゆる民間資格なんじゃが、番号法（マイナンバー法）の制定を受けて２０１５年8月に始まったようで、マイナンバーに関する知識が体系的に学べるから、人事の仕事をしているおかずさんにはピッタリじゃ。1級から3級まであって、どれからでも受験可能じゃ。

おかず　そうなんですね。私、何級からにしたら良いですかね。

ご隠居　そうじゃな、2級にしてはどうじゃ。

おかず　2級からですか？

ご隠居　おかずさんは、育休と産休は取得済みじゃろ。

（つづく）

第4章

定年後のことは定年前に決めておこう

本章のポイント

一、老齢年金制度のしくみを理解する
二、高年齢雇用継続給付制度のしくみを理解する
三、定年後の賃金は3つのバランスに配慮する
四、定年後のことは定年1年前に切りだす
五、〝お互い様〟の再雇用契約書のつくり方・結び方
六、ベテラン社員の還暦に感動を与える

前章において50代の過ごさせ方の重要性について述べたが、定年直前の1年間、つまり59歳から60歳についてはさらに重要性が増す。

60歳定年がすぐそこまで来ており、すべてのことが具体的に現実のものとなるからだ。

年金制度、賃金低下時の公的補てんとして高年齢雇用継続給付制度のしくみの理解と、賃金など定年後の労働条件や仕事内容の話し合いと決定、そして再雇用契約書を取り交《か》わすこと。

さらに、50代と60代をつなぐ一大イベントとして、ベテラン社員の還暦には〝まさか〟の感動を与える。

【人の気持ち視点】

定年後の再雇用における賃金など労働条件について、法律上の制約というよりも人の気持ちをどう納得させるかが大きなポイントになる。

「どうせ賃金も下がったんだから」と投げやりになられては元も子もない。したがって、とにかく時間をかけて、じっくりと話し合いをして納得してもらうことが肝要であるし、場合によっては、会社から頭を下げることも必要だ。

そして、何といっても大きな節目はベテラン社員の還暦であり、ここで本人やその家族の気持ちをつかむことが、定年後再雇用をイキイキさせるポイントである。

【法律の視点】

会社にとってもありがたかった、厚生年金の支給開始は原則65歳以降になるので、今後は65歳までの間は賃金設計に組み込むことは考えにくくなった。

一方、高年齢雇用継続給付制度については、要件を満たせば今のところ65歳までは支給され、活用する場面も多いので支給要件などをチェックしておく。

また、定年後の再雇用でも労働基準法など労働法令は適用になるので、新規雇用と同様に契約書をキチンと結んでおくことが必要だ。

【経営の視点】

定年後再雇用者の賃金について、同一労働同一賃金の視点からごく最近初めての判決が出たこともあり、経営上のリスクを避けるためにも、賃金と仕事のバランスを検討する必要がある。その際に、限られた賃金原資の再配分という視点も必要だ。

また、定年後のことについて早めに切りだすことにより、人材配置、補充、育成など前もって人材戦略を構築しやすい。

1 老齢年金制度のポイント

公的年金制度である老齢厚生年金について、加入や給付、支給開始年齢、そして賃金などとの支給調整のしくみを概説する。

なお、年金制度や次節で取り上げる高年齢雇用継続給付など公的な制度では、加年は到達日が基準とされているが、それぞれ誕生日の前日だ。

1 年金制度のしくみ

公的年金制度の基本的な考え方を踏まえて、国民年金（基礎年金）制度、厚生年金保険の給付の種類、加入要件など基本的なしくみを見ていく。

◆公的年金の基本的考え方

日本年金機構のホームページに次のような記載があるが、公的年金制度は相互扶助の精神が前提となっていることが分かる。

(1)　世代間扶養の仕組み

公的年金は、個人が納めた保険料を積み立ててその運用益とともに個人に返す（＝積立方式）のではなく、現在の現役世代の納める保険料によって現在の高齢者の年金給付を賄うという、「世代と世代の支え合い」、すなわち世代間扶養の仕組み（賦課方式）によって成り立っています。

(2)　世代間の給付と負担の関係

公的年金について「払った分が戻ってこないのだから、払っても損するだけ」という声が聞かれることがあります。

公的年金が世代間扶養の仕組みであることからすれば、給付と負担の関係のみで世代間の公平・不公平を論じることは適当ではないことに留意する必要があります。

◆国民年金（基礎年金）制度

昭和60年の法改正により、翌年４月に日本に住んでいる20歳から60歳未満のすべての人が加入する基礎年金制度が始まった（図表20）。

一般には、この基礎年金を１階部分、厚生年金が２階部分の年金といわれている。

国民年金（基礎年金）の支給開始年齢は65歳で、納付した期間に応じて給付額が決まる。20歳から60歳の40年間すべて保険料を納付していれば、月額約６万５千円（平成28年度）の満額を受給することができる。

◆年金給付は老齢年金だけではない

本節では老齢厚生年金に絞《しぼ》って述べていくことにするが、年金は、一般に老齢年金のイメージが強い。しかし、厚生年金では、老齢年金に加え、在職中の病気・けがにより障害になった場合の障害年金、在職中な

図表20　公的年金制度のしくみ

		厚生年金基金 確定拠出年金、確定給付年金等	
	国民年金基金 確定拠出年金	厚生年金保険	
国民年金の給付、 加入者の呼称	老齢基礎年金・障害基礎年金・遺族基礎年金		
	第１号被保険者	第２号被保険者	第３号被保険者
加入対象者	自営業者など	会社員・公務員などで厚生年金加入者（65歳以上で老齢年金を受ける人を除く。）	第２号被保険者の被扶養配偶者
保険料負担	収入に関係なく毎月定額の保険料を直接納める。	収入に応じて厚生年金保険料を負担し、国民年金保険料について本人は直接支払わないが、制度全体の中で負担する。	国民年金保険料について本人は直接支払わないが、制度全体の中で負担する。

どの死亡について、遺族に支給される遺族年金の３つがあり、ある意味フルカバーの生命保険のようなものだ。

厚生労働省の「平成26年度厚生年金保険・国民年金事業の概況」によれば、平成26年度末の厚生年金の受給者は総計で３，２９３万人、うち老齢を支給事由とするものが２，７２９万人、障害が40万人、遺族が５２３万人となっている（端数処理の関係で合計が一致しない）。

◆厚生年金は70歳まで加入する

厚生年金には、70歳まで加入義務があるが、加入要件は、同じ事業所に使用される、通常の労働者の「１週間の所定労働時間」と「１か月の所定労働日数」のそれぞれが４分の３以上の勤務があることだ。

ただし、平成28年10月から従業員５０１人以上の企業では、前述の４分の３を満たさなくても、次の要件を満たせば加入義務が発生するなど、対象者が拡大されている。

- １週間の所定労働時間が20時間以上であること。
- １年以上雇用されることが見込まれること。
- 報酬が月額８万８千円以上であること。
- 学生などでないこと。

図表21　2階建て年金のイメージ

	65歳未満の特別支給年金	65歳以降の年　金	
2階部分	報酬比例部分	老齢厚生年金	⬅加入期間中の保険料負担分を反映
1階部分	定額部分	老齢基礎年金	⬅加入期間の長さを反映

2 年金は何歳から支給されるのか

厚生年金の中でも、最もなじみがあり60歳以降の雇用に関係のある老齢年金について、簡単なしくみと支給開始年齢、そして平均受給額については次のようになっている。

◆老齢基礎年金と老齢厚生年金

一般に厚生年金というが、老齢基礎年金と老齢厚生年金の2階建てで構成されている（図表21）。

1階部分の老齢基礎年金は、収入に関係なくどれだけの期間加入していたかにより計算されるので、長い間コツコツと働き続けた人が多くなる年金だ。制度上は65歳未満で受ける定額部分の年金が65歳から老齢基礎年金となる。

一方、2階部分の老齢厚生年金は、どれだけ多くの保険料を、どれだけの期間納めたかにより計算される年金だ。制度上は65歳未満で受ける報酬比例部分の年金が65歳から老齢厚生年金となる。

◆支給開始年齢は原則として65歳から

厚生年金の支給開始年齢は、生年月日により徐々に引き上げられ、男性は昭和36年4月2日以降、女性は昭和41年4月2日以降生まれの人は、原則として65歳からの支

図表22　厚生年金支給開始年齢

生年月日（昭和）	60歳	61歳	62歳	63歳	64歳	65歳以降
男性 24.4.2～28.4.1	報酬比例部分					老齢厚生年金
女性 29.4.2～33.4.1						老齢基礎年金
男性 28.4.2～30.4.1		報酬比例部分				老齢厚生年金
女性 33.4.2～35.4.1						老齢基礎年金
男性 30.4.2～32.4.1			報酬比例部分			老齢厚生年金
女性 35.4.2～37.4.1						老齢基礎年金
男性 32.4.2～34.4.1				報酬比例部分		老齢厚生年金
女性 37.4.2～39.4.1						老齢基礎年金
男性 34.4.2～36.4.1					報酬比例部分	老齢厚生年金
女性 39.4.2～41.4.1						老齢基礎年金
男性 36.4.2以降						老齢厚生年金
女性 41.4.2以降						老齢基礎年金

※３級以上の障害をお持ちの方、厚生年金の加入期間が44年（528月）以上の方は、退職していれば「報酬比例部分」の支給開始年齢に合わせて「定額部分」も支給される特例がある。

給だ（図表22）。

従来、60歳から65歳までの継続雇用期間中は、支給される年金額を前提にして賃金額を決めることができたが、今後はそのようなことが考えにくくなった。

また、高年齢者雇用安定法において定められている、労使協定による対象者基準の適用に関する経過措置は、年金支給開始年齢と一致している。

なお、65歳支給開始年齢を、希望すれば繰り上げまたは繰り下げができるが、繰り上げの場合は年金額が減額され途中で取り消しはできないし、年金の減額は一生涯続く。

一方、繰り下げについては、仮に70歳まで繰り下げれば年金額は1・42倍に割り増しされる。

詳細については、年金事務所や社会保険労務士に相談していただきたい。

◆平均受給額は

前掲「平成26年度厚生年金保険・国民年金事業の概況」によれば、平成26年度末での厚生年金平均受給月額は、男性が16万5,450円、女性が10万2,252円となっている。

なお、日本年金機構から年に1回、「ねんきん定期便」が誕生月に送られてくるが、年齢によって内容は若干違う。50歳以上では次のようなことが記載されている。

- これまでの年金加入期間
- 老齢年金の年金見込額（すでに老齢年金を受給の人を除く）
- これまでの保険料納付額（厚生年金保険の保険料は被保険者負担分のみ表示）
- 最近1年間の月別納付状況など

❸ 賃金等との調整（年金カット）には2つの壁がある

厚生年金に加入している間は、賃金等の収入により年金額がカットされる。実際の月額賃金等を、標準報酬月額表に当てはめた「標準報酬月額」と、直近1年間に支給された賞与の千円未満を切り捨てた「標準賞与」の12分の1を合計したものを「総報酬月額相当額」として調整が行われる（図表23）。

気をつけたいのは、年金カットにおいて、その時に受ける賃金等だけでなく、直近1年間の賞与が影響するということだ。

なお、「基本月額」とは、加給年金額等を除いた老齢厚生年金（報酬比例部分）の月額をいう。

◆65歳未満は28万円の壁

65歳未満で特別支給の報酬比例部分年金を受給できる場合は、「総報酬月額相当額」により年金額がカットされるが、基本月額が28万円以下の場合は次のとおりだ（月額）。

図表23　賃金等による年金カットのしくみ

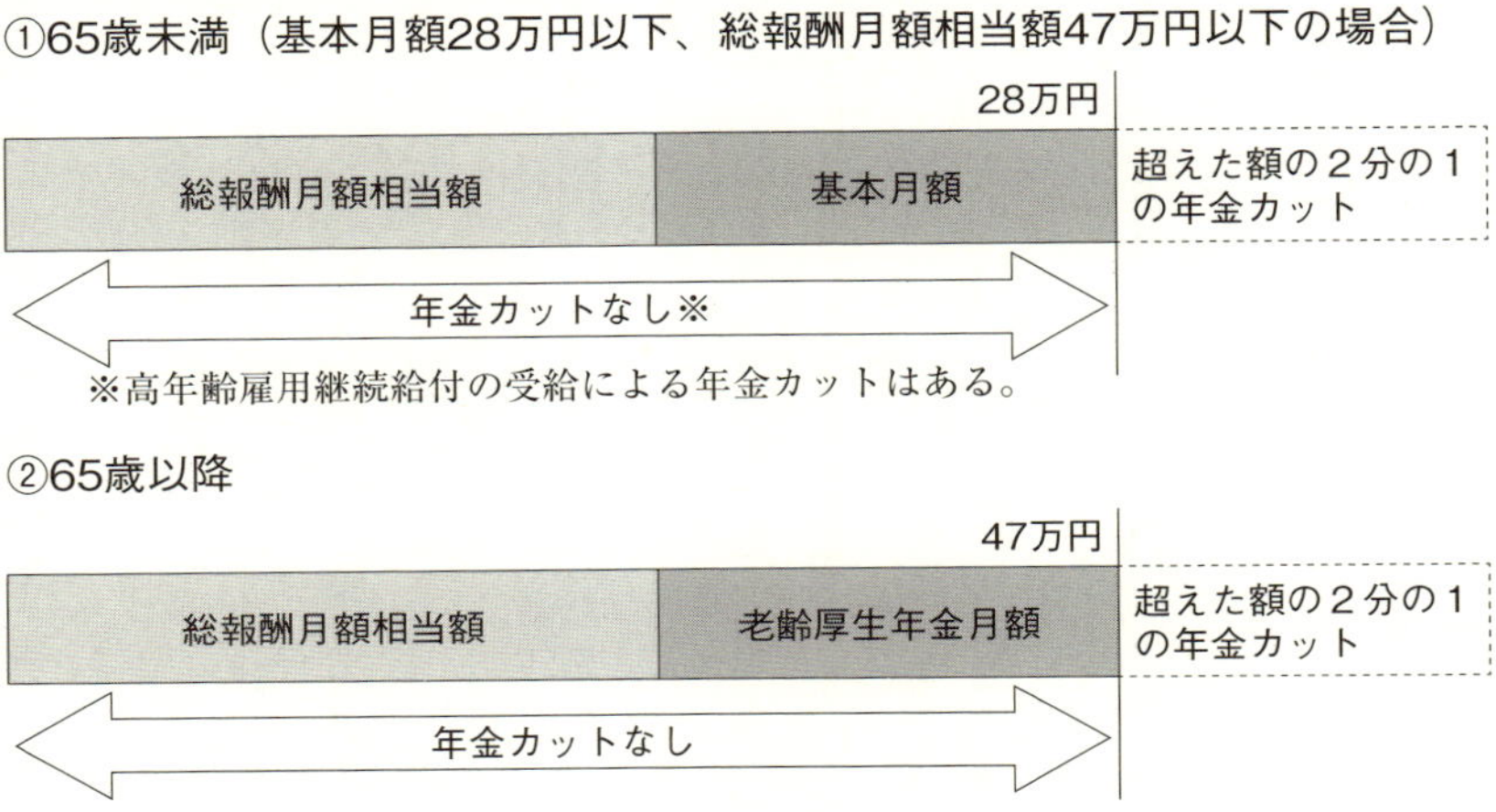

・総報酬月額相当額が47万円以下であれば、（総報酬月額相当額＋基本月額－28万円）×2分の1の年金がカットされる。ほとんどの人はこの計算で対応できると思われる。

・総報酬月額相当額が47万円を超えれば、｛（47万円＋基本月額－28万円）×2分の1＋（総報酬月額相当額－47万円）｝の年金がカットされる。

なお、基準となる28万円は平成28年度の金額であり改定されることがある。

◆65歳以降は47万円の壁

65歳以降も厚生年金に加入していれば、総報酬月額相当額に応じて年金がカットされる。

ただし、年金カットの対象になるのは、いわゆる2階部分の年金である老齢厚生年金だけであり、1階部分の老齢基礎年金は、総報酬月額相当額がいくら高くてもカットされることはない。老齢厚生年金は多くても10万円程度だから、総報酬月額相当額37万円までは年金カットはされないことになる。

年金カットのしくみは次のとおりだ。

（総報酬月額相当額＋基本月額－47万円）×2分の1の年金がカットされる。

また、厚生年金は70歳になると、被保険者資格喪失となり保険料の負担はなくなるが、資格を喪失した後も、65歳以降の年金カットのしくみが適用される。

なお、基準となる47万円は平成28年度の金額であり改定されることがある。

2 高年齢雇用継続給付制度のポイント

60歳以上65歳未満の雇用保険一般被保険者のうち、60歳以降の賃金が、60歳時点等に比べて75％未満に低下した人には、その低下率に応じた高年齢雇用継続給付が支給される（図表24）。

また、船員保険が雇用保険に統合されたことに伴《ともな》う経過措置により、船員の人で55歳に達した日が平成22年４月１日以降であり、昭和34年４月１日までに生まれた人は、本制度において「60歳」は「55歳」、「65歳」は「60歳」と読み替えられている。

1 高年齢雇用継続給付制度のしくみ

65歳までの雇用継続を援助・促進するため、60歳時点等の賃金と比べて一定率低下した場合に給付が行われる。

給付は対象者別に２種類あるが、賃金の低下率の要件、給付金の支給率は同じだ（図表25）。

図表24　高年齢雇用継続給付金の基本的な支給イメージ

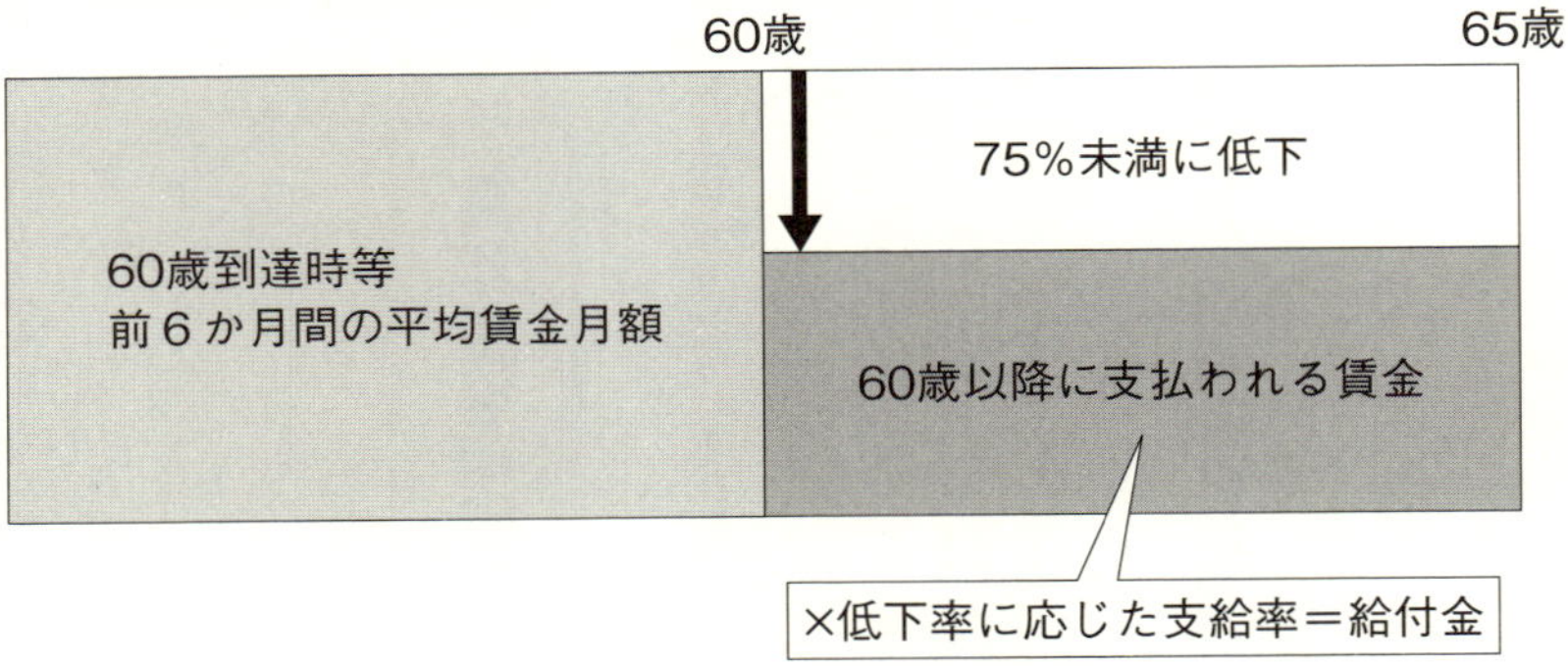

図表25　高年齢雇用継続給付の支給要件等

	高年齢雇用継続基本給付金	高年齢再就職給付金
対象として想定される人は	60歳前から引き続き雇用されているような人。	失業給付等を受給した後に再就職したような人。
支給対象者	次のすべてを満たすこと。 ・60歳以上65歳未満の雇用保険の一般被保険者であること。 ・雇用保険被保険者期間が通算５年以上あること。なお、資格喪失届の離職年月日と資格取得日までの間が１年を超える場合は、離職日以前の期間は通算されない。	
		上記に加えて次のすべてを満たすこと。 ・１年を超えて継続雇用されることが確実なこと。 ・60歳以降に再就職していること。 ・基本手当を受給し、支給残日数を100日以上残して再就職していること。 ・再就職手当を受給していないこと。
支給期間	60歳に到達した月から（60歳時点において雇用保険被保険者期間が５年に満たない場合は、５年を満たした月）65歳に達する月まで。	・再就職した日の前日における基本手当の支給残日数が200日以上のときは、再就職日の翌日から２年を経過する日の属する月まで。 ・支給残日数が100日以上200日未満のときは再就職日の翌日から１年となる。 ・ただし、65歳に達した場合は、その期間にかかわらず、65歳に達した月までで終了する。

◆制度の目的

高年齢雇用継続給付は、60歳になった時点等に比べて、賃金が75％未満に低下した状態で働き続ける、60歳以上65歳未満の雇用保険一般被保険者に支給される給付だ。高年齢者の就業意欲を維持・喚起し、65歳までの雇用の継続を援助・促進することを目的としている。

前節で取り上げた老齢厚生年金については、今後65歳未満での年金受給は原則なくなるわけで、高年齢雇用継続給付は、賃金が低下した場合の補てんとして大きな役割も持つし、実務上も取り扱いが多い。

◆給付には2種類ある

高年齢雇用継続給付は、高年齢雇用継続基本給付金と　高年齢再就職給付金の2つがある。

前者は、いわゆる失業等給付の基本手当を受給していない、雇用保険一般被保険者期間が5年以上ある人を対象としている。一般的には60歳になる前から勤務していて、失業することなく引き続き60歳以降も勤務するような人だ。

後者は、失業等給付の基本手当を受給した後に再就職したような人を対象としている。

◆支給額と支給期間

高年齢雇用継続給付を受けるには、各暦月《れきげつ》の初日から末日まで被保険者であることが必要であり、この期間内にある各暦月のことを支給対象月という。

支給額は、60歳以上65歳未満の支給対象月に支払われた賃金（みなし賃金を含む。みなし賃金については後述）が、60歳時点等の賃金の61％以下に低下した場合は、実際に支払われた賃金の15％相当額となる。

また、60歳時点等の賃金の61％を超え75％未満に低下した場合は、その低下率に応じて、各支給対象月に支払われた賃金の15％相当額未満の額となる（図表26）。

例えば、賃金月額が30万円の被保険者が60歳以降18万円に低下すれば、賃金の低下率は60％となるから、1か月当たり18万円の15％である2万7千円が支給される。

図表26　高年齢雇用継続給付の給付金早見表

・賃金低下率＝支給対象月の賃金（みなし賃金を含む）÷60歳時等の賃金×100

・支給金額＝対象月の賃金×給付金支給率

賃金低下率	給付金支給率	賃金低下率	給付金支給率
75％以上	0.00％	67.5％	7.26％
74.5％	0.44％	67.0％	7.80％
74.0％	0.88％	66.5％	8.35％
73.5％	1.33％	66.0％	8.91％
73.0％	1.79％	65.5％	9.48％
72.5％	2.25％	65.0％	10.05％
72.0％	2.72％	64.5％	10.64％
71.5％	3.20％	64.0％	11.23％
71.0％	3.68％	63.5％	11.84％
70.5％	4.17％	63.0％	12.45％
70.0％	4.67％	62.5％	13.07％
69.5％	5.17％	62.0％	13.70％
69.0％	5.68％	61.5％	14.35％
68.5％	6.20％	61％以下	15.00％
68.0％	6.73％		

❷ 高年齢雇用継続給付支給のポイント

60歳時点等の賃金に対して、60歳以降の賃金がどの程度に低下し、その低下率に応じていくらの給付金が支給されるかが、高年齢雇用継続給付のポイントだ。なお、賞与は賃金には含まない。

◆60歳時点等の賃金月額

① 原則としては、60歳になる前6か月間の平均賃金月額だ。
② 60歳時点で雇用保険の被保険者期間が5年ない場合は、その後、5年間を満たした日の前6か月間の平均賃金月額となる。
③ 60歳時点で被保険者ではなかったが、前職の離職から1年以内に60歳以降で再就職した場合は、離職前6か月間の平均賃金月額となる。ただし、平均賃金算定の基礎となる被保険者期間が5年以上あり、失業給付の基本手当を受けていないことが必要だ。
④ 高年齢再就職給付金については、再就職前に失業給付の基本手当（算定基礎期間が5年以上あること）を受給している場合の、当該基本手当の基準となった賃金日額を30倍した額とする。

◆60歳以降の賃金

支給対象月に支払われた賃金（賞与を除く）が60歳以降の賃金となる。60歳以降に受給資格を得た場合は、その後の支給対象月に支払われた賃金をいう。

ただし、支給対象月の賃金が、会社都合や本人の欠勤などにより低下した場合は、その低下分を加算した、みなし賃金とされる。

なお、支給対象月の賃金には上限が定められており、賃金額により給付金が減額されたり、支給されない場合がある。

◆支給の手続きは原則として会社を通じて行う

手続きはハローワークへ、基本的には会社を通じて2か月に1回申請を行うが、給付金は直接本人へ口座振り込みされる。

なお、高年齢雇用継続基本給付金と高年齢再就職給付金では、手続きなどについて若干の違いがあるが、詳しくは事業所を管轄するハローワークへお問い合わせいただきたい。

❸ 高年齢雇用継続給付の受給による年金カット

特別支給の老齢厚生年金の支給を受けながら、同時に高年齢雇用継続給付の支給を受けている期間については、高年齢雇用継続給付の給付率に応じ、年金の一部がカットされる（図表27）。

標準報酬月額とは、実際の月額賃金等を、標準報酬月額表に当てはめた、厚生年金保険料や年金給付等の計算に使用する厚生年金被保険者の報酬とされるものだ。

例えば、標準報酬月額が、60歳時点等の賃金月額の61％以下である場合は、老齢厚生年金について、標準報酬月額の6％相当額が年金カットされる。

標準報酬月額が、60歳時点等の賃金月額の61％を超えて75％未満の場合は、老齢厚生年金について、標準報酬月額に6％から徐々に逓減《ていげん》する支給停止率を乗じて得た額が年金カットされる。

図表27　高年齢雇用継続給付の受給による年金カット率早見表

標準報酬月額／60歳到達時賃金月額	年金カット率
75.00％以上	0.00％
74.00％	0.35％
73.00％	0.72％
72.00％	1.09％
71.00％	1.47％
70.00％	1.87％
69.00％	2.27％
68.00％	2.69％
67.00％	3.12％
66.00％	3.56％
65.00％	4.02％
64.00％	4.49％
63.00％	4.98％
62.00％	5.48％
61.00％以下	6.00％

※小数点以下２ケタ未満を四捨五入

標準報酬月額が、60歳時点等の賃金月額の75％以上である場合、または標準報酬月額が高年齢雇用継続給付の支給限度額以上の場合は、年金カットはされない。

3　定年後の賃金は法律・経営・人の気持ちのバランスに配慮しよう

たしかに、60歳になったからといって、急に仕事ぶりが低下するというわけではないのに、従来は本人の年金額などを起点にして賃金見直しがなされることが多かった。

しかし、やるべき仕事の内容が変わらないのに、賃金だけ引き下げられるというのは、法律的にはともかく、人の気持ちの片がつきにくい。

仮に、引き下げるにしても、キチンと説明して納得したうえで行わないと不満が出る。

❶ 大義のない賃金引き下げはトラブルのもと

従来なら、年金支給もあり、仮に賃金を6割程度に引き下げても、トータルで使えるお金（手取り）はあまり変わらなかった。

しかし、年金も原則として65歳まで支給されず、仕事の量や内容は従来のままだったりすれば、今までにはなかったようなトラブルも想定しておく必要がある。

◆賃金を引き下げなくてはならないわけではない

「定年後の賃金は6割程度」というのは、よく耳にする話だ。特に、大手企業にお勤めだった方が、知人である経営者に話されると、自社でもそのようにしなくてはならないような気になるかもしれない。

また、雇用保険の高年齢雇用継続給付では、賃金が75％未満に下がると給付金が支給されることになっており、賃金引き下げが当たり前のような印象も受ける。

しかし、そのようなことは法律の規定にはないし、雇用を確保するから引き下げもやむなしという考えは、大手や人材が潤沢《じゅんたく》に揃っている会社の話だ。

◆そもそも年金は個人のもの

従来は、高年齢雇用継続給付と支給される年金を活用すれば、賃金が下がっても使えるお金（手取り）は、あまり変わらないうえに会社負担も軽くなる、という手法が多かった。

もちろん、私自身もご相談を受ければ、具体的な数字を入れてシミュレーションしたものを提供していた

図表28　年金・高年齢雇用継続給付併給による場合の手取り額試算表

時期／賃金等	60歳時点		定年後　60歳～65歳未満　従来		定年後　60歳～65歳未満　これから
賃金	300,000円		180,000円		180,000円
高年齢雇用継続給付	――――		27,000円		27,000円
受取年金	――――	➡	70,000円	➡	0円
年金カット	――――		▲10,800円		0円
社会保険料等	▲60,000円		▲36,000円		▲36,000円
手取り額（60歳時＝100）	240,000円（100）		230,200円（95.9）		171,000円（71.3）

※賃金が60歳以降6割に低下した場合。
※受取年金は報酬比例部分を70,000円に設定した。
※年金カットは雇用継続給付を受給することによるもの。
※社会保険料等は、所得税、住民税、社会保険料で賃金の20%とみなした。

こともある。

しかし、これから年金支給は原則65歳からとなり、従来の手法は取りにくくなった（図表28）。

もちろん、厚生年金保険料の半額は会社が負担しているとはいえ、そもそも年金は本人のものであり、それを見込んで賃金額を決定することには少々無理がある。従業員本人も、年金は賃金とは別にプラスアルファとして考えているのが普通ではないだろうか。

◆気になる東京地裁の判決

定年後に再雇用されたトラック運転手の男性3人が、定年前と同じ業務なのに賃金を下げられたのは違法だとして、定年前と同じ賃金を払うよう勤務先の横浜市の運送会社に求めた訴訟で次のような判決が出ている。

「業務の内容や責任が同じなのに賃金を下げるのは、労働契約法に反する」と認定。定年前の賃金規定を適用して差額分を支払うよう同社に命じた（東京地裁、2016年5月13日）。

判決によると、定年を迎えた後、1年契約の嘱託《しょくたく》社員として再雇用された。業務内容は定年前と全く同じだったが、年収が約2～3割下がったという。

現在は控訴され、まだ係争中なので確定しているわけではないが、国策ともなっている同一労働同一賃金の観点からも今後が気になるところである。

2 中小企業はこのような視点で考える

中小企業の労務においてのポイントは人の気持ちへの配慮だ。

特に賃金については、60歳定年だから一律に引き下げるというのではなく、働きぶりに合わせて考えることが重要になる。下手に引き下げて、バリバリ仕事のできる人がやる気をなくしたら元も子もない。

◆人の気持ちにも配慮する

たしかに、人は賃金だけで働くわけではない。しかし、やっている仕事や責任は変わらず、賃金だけ引き下げられるというのはどうなのだろうか。

もちろん、今の法律では再雇用の場合、定年でいったん労働契約は終わり、新たに契約するわけだから、会社から提示した条件に従業員が合意すれば契約は成立する。しかし、合意していても真に納得していないと、前述した裁判のようなことが起こりかねない時代だ。

だから法律だけではなく、人の気持ちにも配慮しておくことがより一層求められる。

◆その人の代わりがいなければ「これまで同様よろしく」が現実的

中小企業では、極端な話、その人がいないと会社が成り立たないようなこともある。例えば、バリバリの営業部長とか熟練の職人さんとか、ハローワークに求人を出してもすぐには採用ができないような人だ。このような人はなかなか代わりがいないわけで、1年でも長く勤めてもらうことが何より重要である。

だから、下手に賃金を下げたりせずに「これまで同様よろしく」としたほうが現実だ。そのようなひと言を粋《いき》に感じて、さらに頑張ってもらえれば賃金負担分は回収できる。

ここで注意すべきは、「これまで同様よろしく」と頼む対象者の人選基準で、分かりやすいのは、部長職以上とか役職指定だ。もちろん、名ばかり管理職ではないことが前提である。

◆そうでもなければ妥協点を見出す

川越式定年・継続雇用手順では、60代をイキイキさせるために、50代において、健康管理や働き方のあるべき姿を示して、本人の努力も求めている。

しかし、「2対6対2の法則」にあるように、全員がバリバリというわけにはいかない。例えば、家庭の事情などで、定年後は少しゆっくりと働きたい人もいるだろう。

そうであれば、賃金もそれに応じた決め方となる。もちろん、原則65歳までは従業員なので、そう極端なことはしない。

具体的には、高年齢雇用継続給付などを活用した賃金設計だ。賃金は下がるけど、そのぶん仕事も楽になればお互い様であり、そのこと自体でもめることは少ない。

❸ 賃金を引き下げる場合は、このように決めて説明する

バリバリ仕事ができる人は別にして、中にはやむを得ず賃金を引き下げなくてはならない場合もある。そ

の際にも、高年齢雇用継続給付などを活用して、できるだけ手取り額が減らないような工夫も必要だ。

また、本人への説明は十分に行うし、会社から頭を下げることも忘れてはならない。

◆現実的には高年齢雇用継続給付併用型賃金

従来なら、賃金、高年齢雇用継続給付、そして年金の3つを組み合わせた賃金設計だった。

しかし、今後は年金支給が65歳以降になることから、65歳までの継続雇用において、年金を加味して賃金設計をすることは難しい。

だから、活用できる公的制度は高年齢雇用継続給付制度だけとなり、賃金低下率と給付金支給率を勘案しながら賃金額の折り合いをつけていくことになる（図表28）。

同制度では、賞与は給付に関係しないので、場合によっては賞与支給により、年間ベースの手取り額を60歳時点に近づけることは可能だ。

◆キチンと説明する

高年齢雇用継続給付の手続きは原則として会社を通じて行うが、申請書には本人の署名や運転免許証などの写しが必要だ。そうなると、「ここに署名して」のひと言だけでは不信感を持たれる。

だから、賃金のことも含めてキチンと説明すべきだし、説明できないようなことはしない。

定年後の賃金についてもめるのは、単に賃金が下がったことよりも、そのようなことを事前にキチンと説明されていなかったことにも原因がある。

それに、このようなことは、会社が早めに堂々と説明しておけば意外に納得してもらいやすい。

仕事内容や責任が変わらないのに、賃金だけ一方的に下がるからカチンとくるのだ。

◆頭を下げることも必要

たしかに、定年を迎えても、引き続き同じような仕事を同じようにしてもらうのであれば、賃金はあまり下げないに越したことはない。

しかし、無い袖は振れないわけで、明日を担《にな》う若手従業員の昇給原資の確保や新たな人材確保のために、ベテラン社員の賃金が高止まりしていれば引き下げなくてはならない場合もある。

そのような大義があるのであれば、キチンと説明し頭を下げたうえで引き下げることが必要だ。

もちろん、その際には経営者自身の生活ぶりも律しておくべきは当然である。

4 定年後のことは定年1年前までに切りだす

当然ながら、定年や定年後のことは定年前に話し合うことが必要だ。定年を過ぎて、給料日前になって慌ててもしょうがない。

そのためには、せめて1年前ぐらいには、事前に「再雇用アンケート」（図表29、150ページ）で希望を把握し、感謝の気持ちを伝えながら切りだしておくことが必要だ。

このような手順を踏むことにより、従業員やその家族との信頼関係はさらに強固になっていくのである。

❶ 急に言われてもお互いに困る

急ブレーキに急ハンドルと、何事においても急なことをするとろくなことはない。

定年においても定年日は事前に分かっているのだから、定年後のことを直前に切りだされても困るというもの。

◆選択権は従業員側にある

定年後の継続雇用について、法律上65歳までは会社側に従業員の雇用義務がある。

もちろん、法律の経過措置により、平成37年3月31日までは、従業員代表との労使協定に定める基準を適用して、継続雇用する人を人選できるようにはなっているが、現実的にそのような運用をした会社は、私が知る限りほとんどない。

一方、当然に継続雇用を望んでいると思われている従業員側には、継続雇用される自由もあるし、定年でキッパリ辞めてしまう自由もある。つまり、法律上の決定権は従業員側にあるということだ。

◆寝耳に水ということも

前述したように、定年後の継続雇用についての決定権は会社にもないわけではないが、基本的には従業員側にあるわけで、継続雇用を拒否される場合だってあり得る。特に、仕事ができる人の中には定年を機に退職して他社へ転職したり起業したりする人だっているかもしれない。

人手不足の中小企業では、定年などといって、60歳そこそこでベテラン社員に辞めてもらうだけの余裕はなく、当然、引き続き勤めてくれると思っているのが普通だ。

そのようなところに「長い間お世話になりました」なんて言われてしまうことも。まさに寝耳に水である。

◆前もって切りだしておけば選択肢が広がる

今日のことを今日言われても困るのはお互い様だ。

今は、従業員を募集してもなかなか集まらないし、採用できたとしても経験を積んだベテランの域に達するにはそれなりに時間と費用がかかる。もし、定年予定者が継続雇用を希望しないのであれば、早めの求人活動も必要だ。

一方、従業員だって、継続雇用の条件次第では、定年後の身の振り方が変わってくる。だから、この手のことは前もって切りだしておけば、お互いに選択肢が広がって都合が良い。

❷ 再雇用アンケートで事前に希望を把握する

再雇用は新しく人を雇うつもりで取り組むべきだが、その際にお勧めなのが「再雇用アンケート」（図表29）だ。話し合いが効率的に行えるばかりか家族への配慮にもなる。

◆再雇用アンケートとは

私はパートさんの採用において、会社方針と大きくかけ離れた人を近づけないため、面接前に「応募者アンケート」を取るように勧めている（拙著『小さくてもパートさんがグッとくる会社』労働調査会刊を参照）。

この再雇用アンケートは、それの再雇用版だ。

図表29　再雇用アンケート

再雇用アンケート

記入日　　年　　月　　日

氏　名＿＿＿＿＿＿＿＿

いつもありがとうございます。

さて、○○さんは平成○年○月○日に定年を迎えられます。

来る平成○年○月○日には、定年後のことについて打ち合わせをさせていただきますが、打ち合わせがスムーズにいきますよう、本アンケートに必要事項をご記入のうえ当日ご持参いただきますようお願い申し上げます。

なお、Ｑ１以外の項目については、業務の都合により、ご希望に添えない場合があります。

Ｑ１．就業規則では定年後も希望すれば満65歳まで再雇用で勤務できますが、現時点のご希望をお聞かせください。

□再雇用を希望する（満○歳まで）

□定年で退職する

※以下の項目はＱ１で再雇用を希望された方のみお答えください。

Ｑ２．再雇用期間中の勤務時間について教えてください。

□定年前と同じで構わない　　□１日○時間程度にしてほしい

Ｑ３．再雇用期間中の勤務日数について教えてください。

□定年前と同じで構わない

□１週○日、または１か月○日にしてほしい

Ｑ４．再雇用期間中の仕事の内容について教えてください。

□定年前と同じで構わない　　□（　　　　　　）を希望

Ｑ５．再雇用について最終的な決定は直近の健康診断の結果、及び就業規則の退職理由、解雇理由に該当しないことが条件になります。

□同意できる　　□同意できない

ご協力ありがとうございました。

再雇用というのは、定年でいったん労働契約が終了し、新たに契約を結んで雇用することである。もちろん、勤務延長であっても定年時に条件を見直すような規定になっていれば同じことだ。

いずれにしても、雇用関係であるわけだから、再雇用が始まってから「話が違う！」という事態を避けるためである。

◆打ち合わせ日に心づもりができる

定年後のことについて打ち合わせの場を設けるが、あらかじめ話し合いのポイントになるようなことは事前にお知らせしておくとスムーズにいく。

もちろん、１年先のことだから事情により変更になることはあるだろうが、現時点での考え方をお互いに確認しておくことに意義がある。

打ち合わせする内容は（図表29）に記載されているようなことだ。

- 再雇用により勤務する気があるのかどうか
- 勤務時間や勤務日はどの程度が良いのか
- 仕事の内容についてはどのような希望があるのか

◆家族にも納得してもらう

再雇用アンケートは、打ち合わせ当日に話の漏れを防ぐため、限られた時間で効率良く行うためと、もう一つ大きな目的がある。それは、配偶者など家族にも再雇用について知らせておくことだ。

おそらく、59歳も過ぎれば家庭内で定年のことが話題になる。

妻「来年は60歳になるけど、その後はどうなるの？」

夫「さぁ、どうなんだろう、会長は元気なうちは働いてくれよとは言ってくれていたけど」

妻「でも、社長は息子さんに代わったんでしょ、大丈夫なの、あの会社」

だから、このような会話が出る前に先手を打つ。会社は人事を思いつきではなく、手順を踏んでキチンと行っていることを印象づける。このようなことは信頼関係づくりに重要だ。

3 こうやって話を切りだす

まずはこれまでの勤務に感謝の気持ちを示し、就業規則の規定に基づき話を進める。また、労働条件などはできるだけ具体的に示し、〝後出しじゃんけん〟にならないような注意が必要だ。

◆これまでの勤務に感謝しながら早めに切りだすのがポイント

親しき仲にも礼儀ありだ。まずはこれまでの勤務に対して心より感謝の気持ちを伝える。雇用に関することは従業員の生活に直結した話なので、ゆっくりと穏やかに話すのが良い。

「来年はいよいよ定年ですが、先代の頃から長い間、本当にありがとうございます」と切りだす。

来月からのことだと、切羽詰まった雰囲気になるが、1年先のことだとお互いに冷静に向かい合える。例えば、国が制度改正や規制等を行う場合、実施する数年先のことを現時点でそれとなく発表するが、多くの人はピンと来ないので混乱が起きない。「今はこのようにしておくが、決められた時期には確実に実施する」という、あれと同じようなことだ。

◆就業規則の規定をお互いに確認する

「就業規則の規定では、60歳が定年ですが、希望すれば1年ごとの更新で65歳までは勤めてもらうことができます」と就業規則を間において説明する。就業規則に書かれたことをもとに話をすると、会社がルールに則《のっと》って、ことを進めていることが相手に伝わり信頼が得やすい。

注意したいのは、就業規則の規定が現行法と会社の実情に合っていることだ。そして、就業規則を日頃から従業員に見せておくことである。今まで見せたこともないのに、このような時に突然持ち出すと、何か他意があるのではないかと不信感を持たれるだけだ。

◆〝後出しじゃんけん〟はＮＧ

再雇用とはいえ雇用関係なので、仕事の内容、責任の程度、労働時間、休日、賃金、賞与の有無、退職金の支払い時期などは前もって提示しておく。

また、特に賃金が低下する場合は、住民税は1年遅れて課税されるので負担が大きいことも伝える。

「再雇用アンケートによれば、勤務時間を少々減らしたいそうですね。そうでしたら申し訳ありませんが賃金は○○円になります。ただ、ハローワークの給付金がありますので手取りはこの程度になります」

「そうですか、それでよろしくお願いします」となりやすい。

そうではく、定年後に最初の賃金を支払う段階になって、賃金はいくらにするなどと、いわゆる〝後出しじゃんけん〟では不信感を買うばかりかトラブルにもなりかねない。

5 〝お互い様〟の再雇用契約を結ぼう

再雇用契約で重要なのは、仕事と待遇のバランス、つまり〝お互い様〟感覚だ。お互い様感覚があればこそ、雇用関係が安定し長続きする。

そのような視点から、手順を踏んで会社の実情に合ったものをつくり、経営者自身が内容を理解し、相手に十分説明のうえ契約を結ぶことがポイントだ。

❶ 仕事と待遇のバランスに配慮しながら手順を踏んでつくる

再雇用契約で重要なのは、仕事と待遇のバランス、言い換えれば義務と権利のバランスだが、これが崩れていると再雇用はうまくいかない。

また、定年直前に突然契約書を持ち出しても違和感があるので、再雇用アンケートや再雇用者向け就業規則などをベースに手順を踏んでつくる。

◆一方的に有利不利は長続きしない

雇用関係に限ったことではないが、どちらかが一方的に有利または不利となる関係は長続きしない。

定年後の再雇用においても同じことで、お互い様の感覚が必要になる。

もちろん、定年前と仕事内容や賃金などの労働条件が変わらなければ良いが、そうでない場合は、いわゆる〝その代わり〟が必要だ。

賃金は下がるけど、その代わり週４日勤務になるとか、仕事が楽になるというようなことである。このように、その代わりがあるとお互い様だから納得を得られやすい。

そうして決まった労働条件を契約書に盛り込むことになる。

◆再雇用アンケートをベースにつくる

契約書をつくるといっても、定年の直前に突然現れるのではなく、１年前からコツコツ打ち合わせをした結果として契約書という形となる。

その際に、前節で説明した「再雇用アンケート」（図表29）の内容を参考にするとスムーズにいく。

ちょうど、新規に人を雇用する場合に、求人票、応募者アンケート、面接、そして内定時打ち合わせと、順を追って雇用契約書をつくり上げていくが、あれと同じだ。

また、労働条件は良いに越したことはないが、雇用契約書は約束ごとだから、最初からできそうもないことを盛り込まないことは当然である。

◆必要なら再雇用者向け就業規則もつくる

就業規則の条件を上回る契約は有効だが、下回る契約は無効とされている。労働契約法第12条において「就業規則で定める基準に達しない労働条件を定める労働契約は、その部分については、無効とする。この場合において、無効となった部分は、就業規則で定める基準による。」と規定されていることから明らかだ。

もし、再雇用者などに通常の従業員と違う労働条件を設定するのであれば、就業規則にその旨を盛り込むか、別に再雇用者向けの就業規則をつくっておく。

ちなみに、法令と就業規則などとの効力による優先関係は、①労働基準法、②労働協約、③就業規則、④個別の雇用（労働）契約という順になる。

❷ モデル再雇用契約書7つのポイント

定年後の再雇用とはいえ、労働基準法など法律の適用は定年前の従業員と同じであり、新たに雇い入れるぐらいのつもりで取り組んだほうが良い。

再雇用契約書の一般的なモデルは**図表30**のとおりだが、あくまで一般的なモデルなので、特に契約期間の設定、労働時間・休日、そして賃金については、各社の実情により慎重に行うべきだ。

❶契約期間

一般にはこのように1年更新で65歳までという契約が多い。もし、労働契約法による契約期間が通算5年超え無期転換権の発生を避けたい場合は、「契約更新は4回、契約期間は5年を限度とする。」と盛り込み、これを厳格に守る。また、念のため労働契約法の特例に関する都道府県労働局長の認定を受けておく（69ページ参照）。

❷従事すべき業務の内容

定年前より従事する業務内容が軽くなったケースだが、内容はできるだけ具体的に記載する。また、再雇用期間にできるだけ若手従業員への技能継承をしてほしいので、その旨を意識して記載しておく。

図表30　定年後再雇用者雇用契約書（労働条件通知書）

定年後再雇用者雇用契約書（労働条件通知書）

雇用主　株式会社○○代表取締役　○○　○○と被用者　○○　○○は下記条件にて定年後の再雇用契約を締結する。本契約書は２部作成し各々１部を保管する。

❶	契約期間	１．期間の定めなし ②．期間の定めあり（○年○月○日～○年○月○日） **※契約更新は４回、契約期間は５年を限度とする。**
	更新の有無 ※契約期間の定めがある場合に記入	１　契約の更新の有無 〔自動的に更新する　・更新する場合があり得る　・契約の更新はしない ・その他（　　　　）〕 ２　契約の更新は次により判断する。 〔・契約期間満了時の業務量　・勤務成績、態度　・能力　・会社の経営状況 ・従事している業務の進捗状況　・その他（　　　　）〕
	就業場所	**株式会社○○　本社**
❷	従事すべき業務の内容	**・土木工事における施工管理業務** **・若手従業員への指導教育**
❸	始業、終業の時刻、休憩時間、所定時間外労働の有無に関する事項	１　始業・終業の時刻 始業（**8:00**）　終業（**17:00**） ２　休憩時間（**60分、12:00～13:00**） ３　所定時間外労働の有無 （㊒（**１日２時間、１か月30時間、１年200時間程度**），無） ４　休日労働（㊒（**１か月１日程度**），無） ５　就業時転換の適用（**無**）
	休日	**毎週土曜日、日曜日、祝日、その他週に１回**
❹	休暇	１　年次有給休暇　**法定どおり　ただし、定年前の勤続年数、残日数を引き継ぐ** ２　その他の休暇　有給（**無**）　無給（**育児休業、介護休業等**） ○詳細は、定年後再雇用者就業規則：第○条～第○条
❺	賃金	１　基本賃金　㋑　月給（**200,000円**）　ロ　時給（　　　） ２　諸手当の額又は計算方法（**通勤手当　5,000円**／計算方法：**賃金規程による**） ３　所定時間外、休日又は深夜労働に対して支払われる割増賃金率 **※月平均所定労働時間は130時間とする。** イ　所定時間外・法定内（**100**）％、**1,538円** 所定時間外・法定超（**125**）％、**1,923円** ロ　法定休日（**135**）％、**2,077円**　所定休日（**125**）％、**1,923円** ハ　深夜割増（**25**）％、**385円** ４　賃金締切日　**毎月末日**　５　賃金支払日　**翌月10日** ６　賃金の支払方法（**銀行振り込み**） ７　労使協定に基づく賃金支払時の控除（**無**） ８　昇給（**無**）　９　賞与（**無**）　10　退職金（**無**）
❻	退職に関する事項	１　自己都合退職の手続（**退職する30日以上前に届け出ること**） ２　退職・解雇の事由及び手続 **退職及び解雇事由は就業規則第●条及び第●条のとおり、解雇の場合は30日以上前に予告または平均賃金の30日分以上の解雇予告手当を支給する。**
❼	その他	・社会保険の加入状況（**有**）　・雇用保険の適用（**有**） **・配置換え、職種変更があり得る。　・高年齢雇用継続給付を受給する。** ・その他（　　　　）

平成○年○月○日

雇用主　**○○株式会社**
代表取締役　○○　○○　㊞

住所　○○市○○町○番地
被用者　氏名　**○○　○○**　㊞

（署名の場合は印鑑不要）

❸労働時間・休日

労働時間と休日は大きなポイントだ。定年時に比べて賃金を引き下げるケースなので、それに合わせて1日の所定労働時間を短縮するか、休日を増やしたほうが良い。どちらを選択するかは業種や職種によって違ってくるので自社の実情に合わせる。

❹年次有給休暇

定年後の再雇用については、原則として継続勤務として取り扱うというのが行政解釈なので、それに合わせた記載とした。引き継ぐのは定年時点の勤続年数と年次有給休暇の未消化による残日数である。

定年を機にリセットしたい気もするが、それはトラブルのもとだ。

❺賃金

業務内容と労働時間・休日の変更に合わせて引き下げるケースだ。引き下げるわけだから、よりサービス残業にならないようにしておく必要がある。割増賃金などは具体的に金額を入れておいたほうが誤解を招かない。また、昇給、賞与、退職金の有無についても自社の実情に合わせてハッキリと明示しておく。

❻退職に関する事項

健康上での就労不能、休職期間満了や不始末による退職、解雇については定年前の従業員同様、就業規則の規定に従い取り扱うことになる。そこでこのように記載するが、当然就業規則の退職・解雇事由及び手続きなどの内容も確認しておく。

❼その他

配置換え、職種変更があり得ることなど人事の一環として行うことをハッキリさせておく。また、賃金の低下により、ハローワークの高年齢雇用継続給付を受給することを想定したケースなので、このように盛り込む。これにより手続きがスムーズにいく。

❸このように説明して取り交わす

契約書を取り交わす際には、まず経営者自身が内容を理解しておくことが必要だ。理解できないような契約内容は相手にも十分説明できない。

また、1年更新とするならば、1年ごとにキチンと更新手続きを行うことが必要だ。

◆内容を理解し十分説明する

雇用契約書では内容も重要だが、その内容を十分に説明しておくことはもっと重要だ。「従業員は知らないことにより守られ、経営者は知らないことにより責められる」。私がよく経営者にお話しすることである。そもそも労働法令は、労働者保護を目的としているので仕方ないと言えば仕方ない。もちろん、法律でも変われば別だが。

だから、経営者は自分自身を守るためにも、雇用契約書の内容を理解し十分に説明のうえ、納得させて契約書を取り交わしておく必要がある。ひと昔前のように「これに印鑑を押しておいて」で済む時代ではない。

◆定年1か月前までに取り交わす

基本的には、定年後の再雇用が始まる前日までに取り交わせば良いのだろうが、私は1か月前までの取り交わしを勧めている。

もちろん、定年1年前から再雇用アンケートや打ち合わせを重ねていれば、直前で契約が不調になることはないのだろうが、何が起きるか分からないのが今の時代であり念のためだ。

万一、契約が不調になったとしても、1か月前というのは何かと都合が良い。解雇ではないが、1か月猶予があれば急場の生活には困らないからだ。生活に困らなければトラブルにもなりにくい。

◆1年更新とするのなら更新手続きを忘れないように

定年後の再雇用については1年更新が多い。モデル再雇用契約書もそのようになっている。

ただし、よくあるのは最初だけ契約書を取り交わして、その後はそのままだったりするケースだ。

もし、それでも不都合がないのであれば、1年更新にこだわる必要もなく、いっそ65歳までの5年契約でも良いのではないだろうか。

特に、中小企業でギリギリの人員でやっているような場合は、65歳まで契約更新など気にせずに安心して勤めてもらったほうが良いし、人材確保の観点からも得策である。

もちろん、健康上の問題も懸念されるが、就業規則の退職や解雇事由に該当するような健康状態となれば、1年更新であってもなくても対応に大した差はない。

ただ、念のため、契約期間について、期間途中であっても従業員からの退職を禁止するものではなく、会社もやむを得ない事由がある場合は契約を解除できる旨を盛り込んでおく。

6 ベテラン社員の還暦を祝おう

還暦を迎えれば定年退職が当たり前だったものが、今はその後もバリバリ勤務している人も多く、会社員にとって、還暦は〝あがり〟ではなく、職業生活の通過点の一つになってきた。

そこで、節目であるベテラン社員の還暦に、ちょっとした心くばりをすることにより感動を与え、65歳までの再雇用をさらにイキイキとさせたい。

❶ 今や還暦は通過点

65歳までの継続雇用が普通になった今、還暦は通過点となったとはいうものの、還暦が大きな節目であることには違いなく、会社として、定年と絡めて何らかの計《はか》らいが必要である。

◆還暦とはいうものの

還暦といえば60歳の誕生日だ。昔であれば、赤いちゃんちゃんこでも着て楽隠居《らくいんきょ》だったのだろうが、今はそう悠長《ゆうちょう》なことも言っていられないのが現実だ。楽隠居しようにも65歳まで年金は出ないし、会社だって辞められたら後任がいない。

たしかに、多くの会社では定年を60歳としているが、それで退職する人は少なく、ほとんどの人は再雇用などで継続雇用である。

特に、中小企業では職場が変わったり仕事の内容が変わるわけでもないので、還暦、定年と言われても実感がないし、そもそも職場の誰も知らなかったりすることも少なくない。

◆それでも節目は節目

もちろん、今は60歳といっても、昔よくいた「おじいさん」というイメージはない。とても活動的な方も多く、お祝いは次の節目である古希《こき》（70歳）までお預けでも良さそうな感じもする。

それはともかく、還暦は、60年で干支《えと》がひと回りして、再び生まれた年の干支に還ることから、元の暦に戻るという意味でこのように呼ばれているが、人生の大きな節目であることはたしかだ。

それと同時に、定年というのも会社員にとっては大きな節目である。その後も継続して勤務するにしても、節目は節目だ。

◆人の気持ちは今も昔も変わらない

よく、人の気持ちは変わったと言われるが、基本的なところではあまり変わっていないのではないだろうか。多くの人は、喜びをともに喜んでくれる人や、悲しみや苦しみに共感してくれる人に好意を持ちやすい。いくら時代は変わろうと、基本的な感情は同じようなものだ。

そこで、人生や会社員としての節目である還暦、定年時に会社をあげて喜びを伝え感動を与える。朝礼の場などで、「○○さんは、本日還暦を迎えられました。おめでとうございます」と紹介して花束でも渡すのも一つのやり方だ。

このようなことで、しぼみかけたベテラン社員に光を当て、定年後の勤務をさらにイキイキとさせる。

2 その日に感動を与える

少なからず、還暦まで勤め上げてくれた従業員へは感謝の思いがある。しかし、思いはカタチにしないと伝わりにくい。

だから、還暦の日にそのような思いを込めた還暦お祝い状（文例5、166ページ）を差し出す。人は今も昔もこのような〝まさか〟に感動するものである。

◆思いを託す還暦お祝い状

私は今まで、手紙やお花をもらって怒った人を知らない。メールが一般的な時代ではあるが、だからこそこのような手紙に誰もが感動する。

還暦は60歳の誕生日だから、その日に届くように差し出す。もちろん手紙だけでも構わないが、お花でも添えると感動は倍増する。会社内で渡すのは何となく照れ臭かったり、帰りの荷物になったりする場合には、手紙と一緒に送れば良い。

その際に、お花は家族宛てにするのがポイントだ。定年にしても還暦にしても60歳まで元気に働くことができたのは家族のお蔭《かげ》だから、会社としても家族に礼を尽くす。

◆手紙に盛り込む内容は

手紙に決まったカタチがあるわけではないので、思いを率直に伝えれば良い。還暦のお祝いと勤務への感謝、ご家族の功労に感謝、仕事ぶりの承認、古参である従業員を頼りにする姿勢、そして今後の協力要請だ。この内容を盛り込んでおけば、そうピントのずれた手紙にはならない。

なお、文例は、代替わりして3年目の二代目社長が、古参で還暦を迎えたベテラン社員に差し出すことを想定している。

「社長の息子というだけで……」という微妙な関係にある古参の気持ちを、心から教えを請《こ》う姿勢で和らげる。〝実るほど　頭の下がる　稲穂かな〟の如《ごと》く。

◆何か記念品でもあると収まりが良い

お祝いごとには何か物というか記念品でもあると収まりが良いものだ。今は定年と還暦が60歳で同じ時期になるので、２つのお祝いを兼ねると考えれば良い。

具体的には次のようなものである。

【現金や商品券】　これがいちばん使い勝手が良いのだろうが、現金の場合は新券、商品券の場合はクレジット会社系の使いやすいものにする。

【旅行券】　これも一般的に多いが思い出づくりには役に立つ。

【カタログギフト】　特定の記念品だと、本当に必要な物かどうか分からないので、ある意味もらった人の好みにある程度は沿える。

❸還暦のお祝い状は三方良《さんぽうよ》し

還暦のお祝い状は、今までの貢献を認められベテラン社員良し、会社から内助の功を認められ奥様良し、そして会社のやさしさに将来への安心感が持て若手従業員良しの三方良しである。

◆家族を味方につける

この手紙の宛名はベテラン社員本人だが、ねらいはその先にいるご家族（奥様など）だ。もちろん、ねらいとはいうものの、変に策を用いてどうこうしようとするものではない。

もし、定年を機に賃金など引き下げられていれば、少なからず不満はあるはずだ。そのような状況で、これから再雇用で継続雇用となるわけだから、そこそこの人間関係を構築しておく必要がある。

そこで、今まで長年にわたる奥様の内助の功に敬意を示す。それも、夫を通じて障子越しだから奥様もグッとくる。「二代目の社長さん、まだお若いのに分かってらっしゃる」という風に。

◆ベテラン社員の立場に配慮する

勤務成績がイマイチなどと、言い出したらきりがないが、とりあえずは、還暦になるまで真面目に働いてくれるのは立派なものである。それに、中小企業に還暦まで勤められていたのだから、会社へ何らかの貢献があったはずだ。

一般的に、還暦前後の人が人様から祝福されることはそう多くなく、せめて還暦ぐらいは祝ってやりたいものだ。それに、還暦というのは当然ながら誰にでも公平にやってくる。日頃あまり陽の目を見ない、ベテラン社員に光を当てる絶好の機会だ。また、二代目社長との関係で、何かと微妙な立場に配慮できる。

◆若手に安心感を持たせる

ベテラン社員の還暦を、会社をあげてお祝いするもっとも大きな効果は、若手従業員に安心感を持たせることだ。

もちろん、若手にとっては還暦などずっと先の話だし、還暦お祝い状など直接目には触れないにしても、そのような良い雰囲気は社内に広がりやすい。

真の強者は弱者にやさしいといわれるが、会社が立場的に弱い人に情けを向けるからこそ、若い従業員も安心する。彼らにとっても明日は我が身なのだ。「うちの会社って、歳を取っても大切にしてくれるのね」と、グッとくる。人は所属する組織に安心感があればこそ、本気でその組織のために頑張ろうとするものだ。

文例5　還暦お祝い状

〇〇　〇〇様

お誕生日、そして還暦おめでとうございます。

このめでたい日にあたり、心よりお祝い申し上げます。

さて、還暦とは申しましても、〇〇さんには、今も第一線でバリバリと仕事をしていただいており、ただただ感謝するばかりです。

このように、元気に働いていただけるのも、陰になり日向になりながら支えてくださっている奥様のお陰であり、ここに重ねてお礼申し上げます。

ところで、私が先代から引き継いで三年余りになりますが、日頃から何かとフォローしてくださり、大変助かっております。

先代に比べたらまだまだ頼りないとは思いますが、これからもお力添えをいただければ心強い限りです。

また、定年以降も勤務してくださるようですが、お体に気をつけられ、これまで同様、社業発展にご尽力賜れば幸いです。

末筆ながら、〇〇家皆様のますますのご健勝を心よりお祈り申し上げ還暦のお祝いとさせていただきます。

今後とも、どうぞよろしくお願い申し上げます。

平成〇年〇月〇日

〇〇株式会社
代表取締役　〇〇　〇〇

労務小話　第4話　以上・未満・以下・超える

おかず　ご隠居さん、年金や高年齢雇用継続給付とかいうやつを勉強しているんですが、やたらと「以上」とか「未満」なんて言葉が出てきます。例えば25％未満の場合、25％ちょうどは含むのか含まないのか迷いますよね。それで頭の中がごちゃごちゃになっちゃいまして、どのように覚えたら良いんですか。

ご隠居　たしかに似たような言葉じゃが、次のように覚えてはどうかな。
「以上」は、その数字を以て上がるだから、その数字を含む
「未満」は、その数字に未だ満たずだから、その数字を含まない
「以下」は、その数字を以て下がるだから、その数字を含む
「超える」は、その数字を超えるだから、その数字を含まない

おかず　なるほど、さすがはご隠居さん。ところで、先月の健康診断で亭主の八五郎の体重が標準（正常値）より10キロも重かったんですよね。これって早い話が肥えているということだから「超える」とか（笑）。

ご隠居　面白いことを言うな。でも、それは「異常」じゃ。

（つづく）

第5章

定年後の雇用関係を
イキイキさせよう

本章のポイント

一、再雇用開始時にベテラン社員の心をグッとつかむ
二、60歳以上の人を新たに採用する場合のポイント
三、永年勤続に感謝して勤務に張りを持たせる
四、孫をイキイキ勤務のエネルギーにさせる
五、契約更新時に光を当ててその気にさせる

定年を過ぎたとはいえ、中小企業ではほとんどの人が引き続き継続雇用となる。

しかし、まだ体力も気力もあるのに、「嘱託《しょくたく》」などと呼ばれて、第一線から一歩後退させられたような雇用関係になりやすい。

この期間は、60歳以降という年齢や勤務条件からくる事情を考慮し、収入面による動機づけがしにくいぶん、節目においてできるだけ人の気持ちに配慮した働きかけが必要となる。

具体的には、再雇用の開始時、永年勤続の節目、初孫の誕生時、そして契約更新時だ。

また、60歳を過ぎてから入社して来る人もいることから、生《は》え抜《ぬ》きとはまた違った対応も必要となる。

【人の気持ち視点】

仮に60歳から65歳までの継続雇用だとすれば定年後５年間である。年齢的に、収入のためがむしゃらに働くという人は少なくなるぶん、人の気持ちへ配慮が重要だ。

「私のことを見てもらっている」「私のことを認めてもらっている」「私は人や会社の役に立っている」というようなことを節目に感じてもらう。ポイントは褒《ほ》めるより認めることだ。

このような思いは手紙を活用して伝えるが、本人のみならず家族への配慮がポイントである。

【法律の視点】

60歳以上だと、何となく雇用に関する法律の規制は緩くなっているような気もしないではないが、そのようなことは決してない。むしろ、健康管理面への配慮は若い人よりも重要であり、法律に基づく定期健康診断は必ず実施するし、その結果で契約更新手続きを厳格に行う。

また、新たに60歳以上の人を採用する場合も、雇い入れ時の健康診断実施義務など、若年者の採用時と何ら変わらない。

【経営の視点】

若年者と同じく、ベテラン社員の定着を良くすることは業務の効率化による生産性向上などに有効だ。

また、他社を60歳定年などで退職した人の採用は、自社にないノウハウなど外部経営資源を獲得できるチャンスでもある。この場合は、採用のミスマッチを防ぐために、雇用の目的を明確にしたり、採用手順を厳格化するなど、採用におけるリスク対策も必要だ。

1 二代目社長はこうやってベテラン社員の心をつかもう

定年を迎え、引き続き継続雇用として再雇用されたベテラン社員だが、二代目社長との関係は微妙である。また、二代目社長には、創業者にはなかった事情もあり、何かと苦労も多い。

だから、ベテラン社員は、力で抑えつけるより尊重して重用《ちょうよう》する姿勢のほうがうまくいくし、あるタイミングで思いを伝えてその気にさせるのも一つの手だ。

❶ 二代目社長を取り巻く3つの事情

二代目社長というのは、とかく創業者と比べられたりして、その存在感が埋没してしまうことも少なくない。しかし、創業者にはなかった事情もありつらい立場でもある。

◆環境変化に追いつけない中小企業

10年ひと昔と言われるように、創業者が事業を興《おこ》した当時とは環境が大きく変わっていることが多い。一般的には30年ほどで次の代にバトンタッチするので、30年前となればなおさらだ。

今は2016年（平成28年）、30年前といえば1986年（昭和61年）である。ちょうど、使い捨てカメラ「写ルンです」が発売された年らしいが、今では時代が変わり、デジタルカメラが主流となった。

他にも、法律、経済情勢、働く人の意識も大きく変わっているが、意外にも中小企業における労務管理に対する意識は、当時とあまり変わっていなかったりするのでギャップが大きい。

何かを変えようと思うも、先代からは「うちは今までこれでやって来た」と一刀両断されてしまうことも。

◆従業員立場の経験不足

本来なら何年かは武者修行に出してから次の代に継がせるべきなのだろうが、会社の事情もあって他社での従業員勤務が短かったり、全くなかったりすることも。

そうなると、最初から経営者側の立場になるので、従業員側の心情を汲《く》む機会が少なかったりする。たしかに、経営者意識は大切だが、働いてくれている従業員の気持ちを理解することはもっと大切であり、これを理解していないと、従業員との溝は深まるばかり。

また、仮に大手企業に勤務した経験があると、つい大手のやり方を自社に取り入れたりするものの、継いだ会社とはそもそもの前提条件が違い、これが従業員との溝をさらに深めてしまう。

◆ベテラン社員の引き継ぎ

基盤のできた会社を引き継がせてもらえば、創業者が経験するような苦労は少なくありがたいが、相続財産同様プラスもマイナスもある。特に労務に関しては、賃金・退職金制度、労使慣行、就業規則など、直接従業員が絡むものばかりであり、全部がプラスとは限らない。

もし、引き継いだしくみが、二代目社長の考えや今の時代に合わなければさっさと変えれば良いが、下手に変えると〝不利益変更〟ということで、トラブルのもとになってしまう。

もちろん、制度だけでなく人材そのものも引き継ぐことになるが、特に、先代の子飼いであるベテラン社員は二代目社長より年上であることが多く、お互いに何かと微妙な関係になりやすい。

❷ 抑えつけるより尊重して重用する

事業継続においては何かと重要な役割を担う二代目社長だが、特に、引き継いだ古参のベテラン社員との関係では苦労することも多い。しかし、まずはベテラン社員を認めることにより、意外とうまくいくことだってある。

◆二代目社長は重要な役割を担う

後継者不足の折、引き継ぎたくて会社を引き継いだ人はともかく、そうでない人も多いはずだ。それでも、うまくいって当たり前の評価を受けるわけだから割に合わないところもある。

しかし、事業継続においては、橋渡し役として二代目の役割が重要であることはたしかだ。創業者からの引き継ぎと、それを三代目に引き継がせるという2つの立場を経験するからである。三代目以降はそれの繰り返しだから、礎《いしずえ》をつくるのは二代目だ。

私見ながら、徳川幕府が約270年も続いた要因の一つは、家康からバトンを引き継ぎ、それを三代目である家光に引き継いだ秀忠の功績が大きかったと考えている。一般にはあまり評価されていないようだが。

◆先輩としての立場を尊重する

たしかに、二代目社長と再雇用のベテラン社員、社内での立場は言わずとも知れたこと。しかし、理屈で割り切れないのが人の気持ちである。

二代目社長というのは、それだけで古参のベテラン社員からは冷ややかに見られてしまいがちだ。

もちろん、二代目社長にしてみても自分がまだ小学生だった頃を知っているようなベテラン社員は、何となく煙たいものであり、微妙な気持ちはお互い様である。

そのような関係を前提に、二代目社長に上から目線的な言動や態度を取られると、ベテラン社員としても会社のために気持ち良く仕事をしようという気にはならないのが普通だ。

定年後の従業員といえば60歳を過ぎた人たちであり、会社での経験だって長い。だから、まずはそのような先輩としての立場を尊重して接する。

◆あえて先代の子飼いを重用する

二代目になってある程度経《た》てば、自分の取り巻きというか子飼いの従業員もできてくる。できれば、そのような人たちを重用したい気持ちも分からないわけではない。

しかし、ここはひと呼吸おいて、あえて先代の子飼いであるベテラン社員を重用するのも一つの手である。前述したように、二代目社長と古参のベテラン社員は微妙な関係である場合が多い。表面上うまくいっているようでも、静かに反発されることだってある。

そこで、あえてベテラン社員に頼るような姿勢で重用したほうが協力を得やすいし、いずれにしても5年も経てば状況は変わるわけだから、じわじわとこちらペースに持ち込むほうがうまくいく。

3 こうやって気持ち良く働いてもらう

人の気持ちなど似たようなもので、ちょっとしたことに感動するし反発もする。

例えば、本人の働きぶりを認め、手紙にして思いを伝えるだけでも感動する。まして相手が二代目社長だ

文例６　再雇用開始３か月目ぐらいに思いを伝える手紙

○○　○○様

いつもありがとうございます。

さて、再雇用となっていただいてから三か月が過ぎましたが、毎日元気に頑張っていただいており、会社としても大変助かっております。

後任の△△部長も「若手に交じって現場を走り回って、若い人より足取りも軽く、あと十年は大丈夫」と言っておりました。

また、年下である△△部長を何かと守り立ててくださるそうで、さすがです。

これから繁忙期になりますが、体に気をつけられ今後ともよろしくお願い致します。

なお、いつもお支えいただいております奥様にも、心より感謝申し上げます。

平成○年○月○日

○○株式会社

代表取締役　○○　○○

となおさらだ。その手紙が再雇用開始3か月目に差し出す手紙である（文例6）。

多くの人はこのようなことにグッとくるし、気持ち良く働いてもらいやすい。

◆小さなことからコツコツと

立ちどころに、ベテラン社員の気持ちをつかむ魔法の杖などない。たしかに、ちまたには魔法の杖であるかのように思わせるハウツーものが出回っているが、結局は人が感じ取るものなので、小さなことをコツコツと積み重ねていくことが王道だ。

また、雇用関係もあくまで人間関係だから、結局は人触《ひとざわ》りの良し悪しで決まるわけで、まずは二代目社長自身を好きになってもらうことが必要である。少なくとも嫌われてはまずい。

もちろん、人生60年も生きていれば、多少のクセもあるだろうし、頑固であったりもするだろう。しかし、雇用関係が気まずくなって困るのは会社だから、会社側からの歩み寄りも必要だ。

◆不安を取り除いてやることも必要

定年を迎え還暦も過ぎてしまえば、いよいよ周りから評価や祝福されたりすることは少なくなる。退職金も定年時にもらっていれば、家族からもそう大切にされないかもしれない。

しかし、再雇用期間はまだ始まったばかりであり、ここらで何らかの配慮が必要だ。

そこで、再雇用が始まって3か月目ぐらいにさりげなく思いを伝える。昔から、会社を辞めようと考える時期として〝三日三月三年〟といわれているので節目としてちょうど良い。

「定年後も雇用してもらってはいるけど、実際に会社の役に立っているのだろうか。厄介者になっていないだろうか」などと不安なベテラン社員の気持ちに、「助かっていますよ」ということを伝える。

多くの人はこのようなことにグッとくるものだ。

◆給料袋に添《そ》えてさりげなく伝える思い

この手紙も例によって給料袋に入れて渡すが、主なねらいは3つある。

まず会社の役に立っていることをキチンと伝える。次に、他の従業員も仕事ぶりを認めていることを伝えるが、直接ではなく障子越しだから心地良い。そして、後任を育てるために、立場をわきまえていただいていることにも感謝する。

もちろん、ここまで完璧な働きぶりの人は少ないかもしれない。しかし、このように書くことにより、「こんな感じで働いてくださると助かるなあ」という気持ちをやんわりと伝えることができる。

いずれにせよ、このようなことを書くには、ベテラン社員の仕事ぶりをキチンと見て評価することが必要であり、そのことがベテラン社員の心をつかむ近道だ。

2 60歳以上の人を新たに採用する場合のポイント

60歳以上の新規採用にはそれなりの注意も必要だ。

業種や職種によっては、日常的に60歳以上の人を新規に採用していることもあるだろうが、他社で定年退職した人を、一般的な会社が新たに採用することはそう頻繁にあることではない。

もちろん、人柄や能力などは人それぞれだから、一律に論じることはできないが、よく起きる失敗事例とそこに潜《ひそ》む問題点と対応策を取り上げる。

1 抜けきらなかったお客さん感覚

基本的には、定年を迎えた会社で引き続き継続雇用されるパターンが多いと思う。

しかし、大手企業などでは定年後に年下の上司のもとで働くことに抵抗感があり、退職して別の会社で再就職するという人もいる。

そのような他社からの再就職の場合に、ちょっとした思い違いや行き違いなどでトラブルになることもあるが、Ｄ社もそうだった。

◆業界団体のＯＢを嘱託として採用

Ｄ社は、所属する業界団体に40年近く勤務し、60歳で定年退職した人を採用した。社長も会員企業と事務局職員という関係で接触があり、人触りも良く業界の事情に精通していたので、一応、嘱託という形での採用だった。

その人は、60歳とはいえ体はまだ十分に動くし、無職というのもなんだから、ということで知人を介して〝第二の人生〟先としてＤ社に就職したのである。

会社としても業界団体とパイプができれば仕事上何かとメリットもあるだろうとの思惑《おもわく》もあった。

雇用条件については、土・日曜日以外に週１回の休みと社会保険だけはあったほうが良いが、賃金は任せる、というのが本人の希望である。

そして、お互いに面識もあったことから、履歴書だけをもらって5月の連休明けから出勤してもらった。

◆「私は管理職をしていた人間だ！」

採用後6か月ほど過ぎたが、その人は職場にしっくりとなじまなかった。小難しい理屈は捏《こね》るものの、会社のお願いした仕事はほとんどできていない。

また、「うちでは、こうしていた」などと、まだ前職に勤めているような感覚だったのである。

そして、他の従業員からの数々のクレームもあり、見かねた社長が「あなたは少々考え違いをしているのでは」と、やんわりと切りだしたところ、その人は豹変《ひょうへん》し、堰《せき》を切ったように不満をぶちまけた。

「私は○○組合で管理職までしていた人間だ！　頼まれたから来たのに。それに、こんな給料でごちゃごちゃ言われるのは心外だ。辞めさせてもらう」と、捨て台詞《ぜりふ》を吐いて辞めてしまったのである。

あとに残ったのは、6か月間払い続けた無駄な人件費と、その人にかき回されてチームワークが乱れた職場だった。

❷ミスマッチを防ぐ4つのポイント

60歳以上の人を雇用する場合に気をつけておきたいのは、雇用についてお互いの考え方の違い、つまりミスマッチを防ぐことにあるが、そのポイントは4つだ。

◆経歴を過大評価しない

60歳以降の雇用に限ったことではないが、経歴の過大評価は禁物である。特に、60歳以降となれば、若い人より経歴も多く、つい「すごいな、この人なら」と思い込みやすい。

しかし、キチンと調査した場合はともかく、あくまで過去の経歴であり自己申告だ。また、60歳以降の雇用の場合、一般に自社より規模の大きな会社に勤務していた人が多いこともしばしばあり、経歴は立派な人が多い。隣の芝生が青く見えるのと同じで、他社の人は優秀に見えるものである。

仮に優秀であったとしても、それはその会社のしくみの中での話であり、それがそのまま自社で活かせるとは限らない。

◆雇用の目的を明確にする

若い人の場合は、自社で育成するということもあり、長いスパンで考える必要があるが、60歳以降の場合は勤務年数が限られていることから、基本的には即戦力ということが前提になる。

「新入社員のつもりで勉強させてもらいます」と勉強をしに来てもらっても困るのだ。だから、何をしてもらうために雇用するのかを明確にすることが必要だ。当然、本人にも、何をどの程度やってほしいかを具体的に伝える。

例えば、営業系であれば、新規開拓、見積もり作成や契約・代金回収。事務系であれば、パートの募集・面接・採用事務など。工場現場系であれば、作業・工程管理や設備メンテナンスなど。

◆採用時の手続きは厳格に行う

60歳以降の新規雇用は雇用期間も短いことから、何となく臨時的雇用のような感じになる。

しかし、法律上の会社責任は若い人とほとんど同じか、年齢的に健康管理面などはかえってリスクが高い。だから、採用時の健康診断は必ず実施するし、もし業務上支障のあるような健康状態であれば採用しないことも選択肢の一つだ。

また、会社への提出書類は若い従業員と何ら変わらないが、60歳以上にもなって指示した書類もまともに提出できない人は、過去の勤務状況もその程度の人である。

さらに、雇用契約書を採用時に結ぶことは当然だ。

◆試用期間で見極める

自社の生え抜きであれば、勤務実績もあるので必要ないだろうが、外部からの雇用者は能力など未知数なので試用期間を設けたほうが良い。

通常は3か月程度だろうが、その間の勤務態度など働きぶりをしっかり見極める。また、この間に、「うちでは……」などと、まだ前職に勤めているような感覚の人、つまり本籍地が前職のままの人には、早めに本籍地の変更をお願いすることも必要だ。

中には、試用期間の設定に「何が試用期間だ！」と憤慨《ふんがい》して採用を断る人もいるかもしれないが、それはそれで先々同じようなことで衝突する可能性がある。だから、この時点で断ってもらったほうが助かるというもの。

❸ 良いところは受け入れる

ミスマッチによるリスクはあるものの、中小企業が自社では持ち得ないノウハウなどを取得できるチャンスでもある。そのためには、受け皿である会社を信用してもらわなければならないが、その前に会社も相手を信用することが必要だ。

また、自社生え抜き従業員との折り合いをつけることも必要だが、そのためには、やはりコミュニケーションの充実が欠かせない。

◆他社のノウハウ取得のチャンス

定年までしっかりとした会社に勤務されていた方は、それなりのノウハウを持っている。パソコン技能やファイリングなど体系だった知識が強みだ。

中小企業の強みは、家族的雰囲気で和気あいあいと働けることだが、それだけではピリッとしないこともある。そのようなところへ外部の空気が入ることにより組織が活性化することだってある。

たしかに、入社直後は違和感もあるかもしれないが、自社になかったノウハウを吸収できると思えば多少のことは割り切ることも必要だ。

◆信用することも必要

60歳以降の新規雇用は用心すべきだが、最初から疑ってかかるのではなく信用することも必要だ。

採用される人だって、次の就職先がどんな会社なのか不安なはずであり、そこはお互い様である。

特に、しっかりとした大手などに勤めていたならなおさらだ。相手から信用してもらうためには、まずこちらから相手を信用することも必要である。

また、60歳以降で入社する人は銭金だけで働く人ではないことも少なくない。だから、雰囲気の悪いところに我慢して勤め続けることはないので、受け皿である会社の雰囲気づくりも重要だ。

◆コミュニケーションで打ち解ける

企業合併で難しいのは人事だといわれる。それまで別々の企業文化の中で育てられた人たちが一緒になるのだから、それは当然かもしれない。

程度の差はあれ、60歳以降に採用した人と生え抜きの従業員も同じようなことがある。特に、採用した人が取引関係で優位に立っているような会社ＯＢだと、その気はなくても物言いが上から目線のようなことにもなりやすい。前述した事例のように本籍地が前職のままだったりすればなおさらだ。

もちろん、生え抜きの従業員を主体に考えながらも、外部から来た人をいつまでもよそ者扱いでは嫌気がさす。だから、やはりコミュニケーションの機会を増やしてお互いに打ち解けていくしかない。

3 永年勤続に感謝して勤務に張りを持たせよう

定年後の再雇用は、とかく消化試合的な雇用関係になりがちだ。しかし、今の60代は元気な人も多く、勤務に張りを持たせてその気にさせないともったいない。その際に動機づけとして考えられるのが、家族も味方につける三方良し《さんぽうよ》の永年勤続感謝状である。

1 動機づけが難しい定年後の再雇用

定着が重要なのは再雇用のベテラン社員も同じだが、定年前の従業員と違い、収入による動機づけが難しく、パートタイマーと似たようなところがある。

◆60歳時点で勤続20年ぐらいの人が多い

厚生労働省の「平成27年賃金構造基本統計調査」によれば、企業規模10人以上、産業計・学歴計で男性の平均勤続年数は、年齢階級55歳～59歳で22・7年、60歳～64歳で18・8年、女性はそれぞれ15・8年、15・7年となっている。平均すれば大体60歳で20年ぐらいのものだ。

なお、企業規模が小さくなるにつれ、勤続年数は短くなっている。

意外に短いと思われるかもしれないが、平均ということであれば、私が日常的に接する中小企業の実態に近い数字だ。この数字を見ただけでも、中小企業での従業員定着が難しいことが分かる。

◆定着が重要なのは再雇用でも同じ

私は雇用において、定着率が重要であることを常々口《つねづね》にしている。世間では若年者の定着率云々《うんぬん》といわれているが、定年後の再雇用でも同じだ。中小企業では、再雇用とはいっても、貴重な戦力であることが多いので、その定着は定年前同様に重要なのである。

それに、定年まで勤務していた人は、会社でそれなりに実績があるわけで、そのような人が勤務に張りを持って、定着してもらえるということは大変ありがたいことだ。

今は新規に雇いたくても人がいないわけで、1年でも長く勤めてもらうと会社は助かる。

◆パートタイマーと似ている再雇用者

パートタイマーで働く人は、税金や社会保険の扶養家族になるための年収制限があるために、収入による動機づけが難しい。

再雇用者も、年金や高年齢雇用継続給付の関係、会社のしくみとして再雇用者には賞与が支給されなかったりするので、同じく収入による動機づけが難しい。

また、パートタイマーであれば、そのうち正社員になれるという望みもあるかもしれないが、再雇用者の場合は、そのようなことは稀《まれ》だ。

だから、パートタイマーがそうであるように、会社で役立っていることや、仕事ぶりを認めてやるなど、いわゆる「承認の欲求」を満たしてやることが必要になる。

❷ 永年勤続を認めて感謝する

人を褒《ほ》めるというのは難しいものだ。特に、60歳以上のベテラン社員の場合、人によって上から目線にとられる可能性もある。その点、誰にも公平な勤続年数を基準にした感謝であればケチがつきにくい。

◆感謝されることが少ない60代

お蔭《かげ》様で、私の社会保険労務士という仕事は、お客様から報酬を頂戴《ちょうだい》したうえに「ありがとうございます」と感謝の言葉をかけられることが多い。とても幸せなことだと思うし、そのような言葉をかけられると、もっと何かできないものかという気になる。

ところで、私ももうすぐ60代に突入するが、同じ年代でどれだけの人が、仕事やプライベートで感謝の言葉をかけてもらっているのだろう。

会社において、定年後、継続して雇用はされているものの、取り立てて光の当たる場面は少ないのではないだろうか。

◆褒めることは上から目線になりやすい

よく「人は褒めて育てろ」といわれる。たしかに、光を当ててやるには褒めることも重要だろう。しかし、相手は60歳以上のベテラン社員である。

まして、年下の上司や経営者が褒めるというのは、そのこと自体が上から目線的な物言いになりやすい。それに、60歳以上のベテラン社員となれば、育てるというよりも、後輩を育ててもらわなくてはならない立場である。

だから、褒めるというより、事実を客観的に認めて感謝するほうが自然だし受け入れてもらいやすい。

◆永年勤続への感謝にはケチがつきにくい

ベテラン社員を認めて感謝の気持ちを表すにしても、ある程度は根拠がないと当人も「何で自分が」と周りを気にするし、他の従業員だって「なぜあの人が」と不信感を持たれやすい。

その点、会社での誕生日ともいうべき入社年月日を起点とした勤続年数というのは、年齢同様、誰でも同じ速さで増えていくので公平だ。公平なことなら誰からもケチがつきにくいので堂々とできる。

60代だと、中小企業でも20年以上勤続が多いので、勤務に張りを持ってもらえるよう、勤続の節目に感謝の気持ちを伝える。

❸ 三方良しの永年勤続感謝状

勤続20年を想定した勤続感謝状の文例は**文例7**のとおりだ。お花を添《そ》えて送ることを想定しており、宛先はあえてベテラン社員の奥様、もしくはご主人様である。

文例7　勤続20年感謝状

拝啓　時下ますますご清栄のこととお慶び申し上げます。

平素よりご厚情を賜りありがとうございます。

さて、ご主人様には、今月〇日をもちまして勤続二十年となられました。

ここに永年の勤続に対してお礼を申し上げ、心より感謝いたします。

定年後も引き続き勤務していただいておりますが、仕事ぶりは相変わらず真面目であり、私をはじめ若い従業員のお手本です。

ちょうど入社してくださった頃は会社も大変な時期で、ご主人様には無理をお願いしたことも多く、今の会社があるのもご主人様あればのことです。

これもひとえに、毎日気持ち良く送り出していただいている奥様のお陰だと、家内ともども深く感謝いたしております。

ここに勤続二十年にあたり、改めて感謝申し上げ、今後ともお体に気をつけられ勤務してくださいますようお願い申し上げます。

なお、心ばかりのお花を届けさせていただきますので、ご笑納くだされば幸いでございます。

敬具

平成〇年〇月〇日

〇〇株式会社
代表取締役　〇〇　〇〇

〇〇　〇〇様

文例は20年となっているが、自社の勤続状況に合わせて適宜、年数を設定すれば良い。

◆内助《ないじょ》の功《こう》を認めてもらって奥様良し

定年後に仕事もせずに、家にとじこもられても困るので、再雇用というのは奥様にとっても助かるといえば助かる。しかし、人は一つのことが満たされると、また一つ求めたくなるものだ。

特に、定年前とあまり仕事内容が変わらないのに、賃金が低下したり賞与も出ないとなれば、「べつに仕事があるだけで良いんだけど……」と不満とまでいかないにしてもモヤモヤとしたものがある。

そのような時に、会社から届く永年勤続感謝状とお花。それも自分宛てである。奥様は「お父さんの会社、私のことにまで気にかけてくださって」と、そう悪い気はしないものだ。

◆奥様から見直されてベテラン社員良し

感謝状の文面から「お父さんは家ではパッとしないけど、会社ではそこそこ役に立っているのね」程度のことは読み取れる。それではということで、尾頭付きが食卓に上ったり、いつもの発泡酒ではなく本物のプレミアムビールになるかもしれない。そして「お父さん、勤続20年お疲れ様でした」なんてことにも。

また、奥様宛ての感謝状ではあるが、当然ベテラン社員本人の目にも触れるわけで、仕事ぶりなど会社から障子越しに認められ心地良いのは間違いない。

◆ベテラン社員家族が円満になり会社良し

たしかに、雇用関係は会社と従業員本人との関係だ。しかし、定年後の再雇用の場合は賃金など収入による動機づけが弱いぶん、気持ち良く働いてもらうことが重要だ。

気持ち良く働いてもらう前提としては、まずベテラン社員の家族関係が円満であることが必要であり、多くの場合は夫婦二人の関係である。

この永年勤続感謝状により、奥様もベテラン社員も、そこそこ気持ち良くなって、勤務に張りを持ってもらえれば、結果として会社も助かるというもの。

4 孫をイキイキ勤務のエネルギーにしよう

60代になると孫のいる従業員も多い。孫の可愛さは子とは別格で、孫の自慢話ができるのも、この年代ならではだ。孫へやる小遣いを稼ぐために今日も頑張るおじいちゃん、おばあちゃんのエネルギーを、会社でのイキイキ勤務に結びつけるのが初孫誕生お祝い状である。

1 孫とは理屈抜きに可愛いもの

孫というのは、宝ものというか本当に可愛いものらしく、孫の話をする時は目じりも下がり、まさに、えびす顔という人も少なくない。

◆なんでこんなに可愛いのかよ

「なんでこんなに可愛いのかよ　孫という名の宝もの……」（大泉逸郎『孫』）と歌われているように、孫というのは本当に可愛いものらしい。

私の同級生や知人にも孫のいる人が多く、孫の写真を財布に忍ばせたり携帯電話の待ち受け画面にしていたりする。そして、顔のこのあたりが自分に似ているとか似ていないとか、話している時は目じりが下がり、まさにえびす顔、歌詞のままだ。

昔であれば、60歳以上となればとっくに定年退職でご隠居になり「おじいちゃん、おばあちゃん」で済んでいたのだろうが、今は会社にも可愛い孫を持つベテラン社員が多い。

◆祖父母だから許される孫自慢

親バカとはよく言ったもので、運動会の時期には足が速ければ良いし、参観日の時は頭が良いほうが良い。期待される子としても大変なのだが、親とはそんなものだ。

そして、何かの大会で全国大会にでも出場するとなれば、ついつい周りに話したくなるもの。しかし、自分から言い過ぎると自慢話になり、度を過ぎると敬遠される。

その点、孫の自慢話は嫌味がなく寛容に聞き流してもらえるものだ。孫の顔立ちがしっかりしている、ピアノが上手で発表会でトリを務めた、甲子園に出た、などと人に自慢したいことは多い。

そんな自慢話が許されるのが祖父母の特権だ。

◆経営者にとってはひ孫のようなもの

よく「従業員は子も同然」といわれる。そうであれば、ベテラン社員の孫は、経営者から見れば、ひ孫のようなものだ。中小企業で、経営者と従業員が同じ場所で、一緒に仕事をする規模だとなおさらである。

人は自分が大切にしていたり、思っているものに共感してくれる人に好意を持ちやすい。孫にしても、ベテラン社員からすれば、まさに宝ものであるわけだから、それを大切に思ってくれる経営者には、当然好意を持ちやすいというもの。

特に、初孫となればベテラン社員が寄せる思いの強さは想像に難しくない。

❷ 孫のためにもうひと頑張りしてもらう

人は人の役に立つことを喜びに感じるが、それが可愛い孫のためだとなおさらだ。そこで、「孫のために」をやる気の源泉に、もうひと頑張りしてもらう。もちろん、孫のいない人の気持ちにも配慮しておくことは必要だ。

◆孫のためがやる気の源泉

私は本書の執筆に際して、多くの働く高齢者の方とお話をさせていただいたが、皆さん異口同音に「人の役に立っていることが嬉しい」とおっしゃっていた。この場合の人とは、お客さんや同僚だったり、愛する家族、とりわけ孫のためというのも大きいのではないだろうか。

たしかに、仕事をしていると体がきつかったり、職場の人間関係に悩むことなど、つらいこともあるかもしれない。しかし、大切な孫に小遣いをやりたい、ランドセルを買ってやりたいとの思いから、曲がった腰もシャキッと伸ばして働くことができる。動機は何であろうと、イキイキと働いてもらうことは会社にとっても大変ありがたい。

◆たまには孫自慢に耳を傾ける

会社には老若男女、いろいろな年代の人がいるので、立場間・年代間のギャップもある。だから、日頃からコミュニケーションを図《はか》っておくことが重要だ。

特に再雇用となれば、立場的に何となく疎外感もあるかもしれないし、言うに言えないストレスもあるわけで、たまにはガス抜きも必要である。

ガス抜きで手っ取り早いのは話を聞いてやることだ。当然、愚痴《ぐち》も聞くが、それが一段落したら、孫の自慢話に、じっくり耳を傾けるのもコミュニケーションを深めるために良い機会となる。

「お孫さん、もう中学生ですか」「へぇー、テニスで県大会に出られたんですか」などと。

孫の自慢話だと罪がないし、何となく雰囲気も和《なご》む。

◆孫のいない人へ配慮も必要

本節は孫の成長をやる気の源泉にして、ベテラン社員にイキイキと働いてもらおうという趣旨である。しかし、注意したいのは、孫のいない人もいるということだ。

もちろん、必要以上に気を遣う必要はないと思うが、孫のいない人が、肩身の狭い思いをするようなことのないよう最低限の配慮は必要である。子どもだって授かりものだが、孫だともっとそのような要素が絡むからだ。

それに、孫がいるかいないかということは仕事には基本的に関係がない。

そのような観点から、本節で取り上げる初孫のお祝いについては、本人へお祝い金とともに手紙でさりげなく伝えるようにする。

文例8　初孫誕生お祝い状

〇〇　〇〇様
〇〇様

このたびは、お孫さんの誕生おめでとうございます。

特に、初孫ということもありお喜びもひとしおかと思います。

あいにく、私にはまだ孫がいないので分かりませんが、孫というのは理屈抜きに可愛いものらしいですね。

ところで、出産されたお嬢さんは、たしか小さい頃、体が弱いとかで心配されていましたが、立派なお母さんになられて、私も我がことのように嬉しいです。

これもひとえに、〇〇さんと奥様の慈しみの賜物です。

これで、お孫さんのためにも張りあいができたと思いますが、これまで同様、会社にもお力添えいただければ幸いです。

末筆ながら、お孫さんのご成長、ならびに〇〇家皆様のご健勝を心よりお祈り申し上げ、お祝いとさせていただきます。

平成〇年〇月〇日

〇〇株式会社
代表取締役　〇〇　〇〇

❸ 初孫誕生お祝い状

思いはカタチにしないと伝わりにくいので、初孫誕生のお祝いを一通の手紙（文例８）に託して伝えたい。少々やる気をなくしかけたベテラン社員も、このような心遣いにグッとくる。

◆初孫の誕生を純粋に祝う

すべての孫の誕生に、お祝い状を出していてはキリがないので、対象は初孫に限って行う。文例にあるように、まずは純粋に初孫の誕生に喜びを表す。また、手紙を差し出す経営者がベテラン社員より年下だったりして孫がいなければ、文例のように書いたほうが違和感はない。

もし出産した方のことでエピソードのようなことがあれば、それを盛り込むことにより、手紙が形式的ではなく、より思いが深くなる。

なお、宛名は初孫の祖父母、つまりベテラン社員とその配偶者だ。もちろん、ひとり親の場合はベテラン社員である。

◆結果として「会社のために」をさりげなく盛り込む

この手紙は初孫の誕生をお祝いするためのものだが、前述したように、〝孫のため〟をやる気の源泉に、ベテラン社員にイキイキと働いてもらおうとするためのものでもある。

だから、会社のためにも、もうひと頑張りしてほしい旨をさりげなく盛り込んでおく。

初孫の誕生にお祝い金を出す会社はあるかもしれないが、このような手紙まで差し出す会社はほとんどないと思う。可愛い可愛い初孫のために、会社から手紙が届くのだから、もらったベテラン社員にとっては〝まさか〟であり、感動が生まれやすい。

この、〝まさか〟の感動が82円切手で届けられるのだから安いものである。

◆お祝い金でもあると収まりが良い

やはり手紙だけより、お祝い金もしくは何か物があったほうが収まりが良い。お祝い金は地域の相場もあるだろうが1万円ぐらいではなかろうか。

注意したいのは、初孫であれば誰にでも公平に差し上げるという原則だ。もらう人ともらわない人が出ると、良かれと思ってやっていることも恣意《しい》的にとられやすい。

孫の場合は、扶養家族になることも少なく、会社で管理することが少ないので、初孫誕生は申請方式にするなど、ある程度制度化する工夫が必要だ。

5 契約更新時に光を当ててその気にさせよう

契約更新時には事務的なものと人の気持ちの更新を忘れない。

とかく形式的になりやすい再雇用期間中の契約更新手続きだが、光の当たりにくい再雇用のベテラン社員に感謝を表して、役立っていることを伝え、次年度の勤務にやる気を高めてもらう絶好の機会だ。

なお、本節では1年更新であることを前提にしているが、会社事情によっては定年後5年契約、もしくは契約期間なしもあり得る。

❶ 形式的になりやすい再雇用の契約更新手続き

たしかに、何十年も働いてくれている人に、定年後だからと1年ごとの契約というのも違和感があるといえばあるし、契約更新が形式的になりがちなのも分からないわけではない。

雇用されるベテラン社員のほうだって、「どうせ自分は再雇用の嘱託だから……」と契約更新といっても、わくわく感のようなものはないはずだ。

◆1年更新にはなっているものの

定年後の再雇用の場合、1年契約更新というのが多い。しかし、厳格に更新手続きが行われているのは稀《まれ》で、基本的には自動更新のようなものである。

場合によっては、最初だけ契約書を取り交《か》わしただけで、その後は何もないというもめずらしくない。

そのような状況の中で、ベテラン社員との間に何か不都合があった場合に、契約期間があったことを持ちだし、期間満了を理由に辞めていただこうとしても無理がある。「ああ、そうですか」とならないのは当然だし、「実質的には契約期間なんてなかったですよね」と反論されるのが落ちだ。

◆光が当たりにくい再雇用のベテラン社員

一般的に定年後の再雇用といえば、嘱託などと称され、正社員の補助的な仕事が多く、ないがしろにされやすい。つまり、光が当たりにくいのだ。

「そもそも、自分は会社で本当に役に立っているのだろうか」「最初に結んだ契約期間はとっくに過ぎているのに」などと、真面目で意識の高い人ほど不安になるものだ。

特に、社内に同じ立場の人がいなかったりすれば、他の誰にも相談することもできず不安を募《つの》らせるばかり。こうして、居場所をなくしてしまい、それでは前向きな働き方にはならない。

◆どうせ再雇用だから

再雇用者の不安はやがて不満となり、不信感となり会社を辞めてしまう。一般的に、会社の対応に不安を感じるのは真面目で意識の高い人だから、そのような人から順に辞めていき、そうでもない人ほど残りやすいものである。

もちろん辞められるのは困るが、それよりも困るのは「どうせ自分は再雇用の嘱託だから……」と、分からない程度に手を抜いて、ダラダラと勤務を続けられることだ。

そして、この「どうせ自分は再雇用の嘱託だから……」という気持ちは、社内にまん延し職場の雰囲気を悪くしてしまう。雰囲気が悪くなると、助け合い精神がなくなるので業務効率は悪いし、対外的に一体感がなく、徐々にチーム力は弱くなり業績低下の道をひた走り。

❷ 契約更新のタイミングとポイントを押さえる

契約更新のタイミングとしては、やはり更新1か月前だ。

やるべきことは、健康診断と契約書の取り交わしという事務的なことは当然だが、ベテラン社員をその気にさせるには、気持ちの更新として、3つの喜びを感じさせることが必要だ。

そのように、弱い立場の人に光を当てる会社の姿勢に、若い従業員も惹かれる。

◆1か月前までには健康診断と更新手続きをキチンと行う

大体の仕事は、通常の健康状態であればできるが、担当してもらう業務を通常どおりこなせる健康状態であることは雇用の継続において重要な要件なので、契約更新の都度確認しておく。60代になると急に体が悪くなることも多いのでキチンと確認しておきたい。

だから、労働安全衛生法により、会社に実施が義務づけられている年1回（深夜業務従事者など特定の人は6か月に1回）の定期健康診断は、契約更新の遅くとも1か月前までに実施する。こうすることにより、その時点で就労不能の健康状態にある人とは契約を更新しないことが可能だ。

そして、契約更新可能な場合は、賃金などの労働条件を提示して1か月前までには契約書を取り交《か》わす。

◆3つの喜びでその気にさせる

人が仕事をするうえで喜びを感じるポイントは3つあるが、それぞれが相互に作用している。

まず、働きぶりを見てもらっている喜びだが、それが裏方的な仕事だとなおさらだ。「ちゃんと見てますよ、大切な仕事ですよ」と認めることが必要になる。逆に第一線の仕事は誰からも評価されるのだから、ことさら光を当てなくても良いかもしれない。

次に、役に立っていることの喜びだが、働くうえでの大きな動機づけになる。人は基本的に人の役に立ちたいのであり、人から感謝されたいのだ。

そして、人からあてにされる喜びだが、これがあるからこそ、仕事を粋《いき》に感じて働き続けることができる。あてにされていないということは存在意義が否定されているに等しい。

◆弱い立場の人に光を当てる会社に若手も惹かれる

真の強者は弱者にやさしいと言われるように、社内全体が再雇用者など立場的に弱い人へ感謝する気持ちを持てば、社内の雰囲気が良くなりチーム力《りょく》は強くなっていく。まして、経営者がそのような姿勢を示せば、黙っていても他の従業員はそれに従うし、そのような姿勢に若手の従業員も惹かれる。

もちろん、光を当てるとはいっても、特別にちやほやする必要はなく、たまに「会社はあなたの仕事に感謝していますよ、大切な仲間ですよ」という気持ちをキチンと伝えれば良い。そのタイミングとしては、契約更新時がベストだ。

❸ 1年間の勤務に感謝と今後への期待を伝える

1年に一度の契約更新時に、健康診断や雇用契約書に加えて会社の思いを伝える。内容は会社の役に立っていることへの感謝と今後への期待だ。

◆契約更新時に思いを託す手紙

契約更新時には健康診断を実施のうえ、向こう1年間の雇用契約書を取り交わすことは、事務的に必須事項だ。

それに加えて、契約更新のタイミングにベテラン社員に思いを託すのがこの手紙である（文例9）。

順番としては、健康診断、契約書の取り交わし、そして手紙だ。

手紙の内容としては、1年間の勤務に対してのお礼と今後1年間への期待だが、ともすれば事務的・形式

文例９　再雇用契約更新時に思いを託す手紙

〇〇　〇〇様

いつもありがとうございます。

一年間の契約期間が終了しましたが、今年度も勤務していただけるとのことで、労働条件などについては、取り交わしました契約書のとおりです。

どうぞよろしくお願いいします。

さて、〇〇さんには、定年後、後方支援的な仕事や単調な仕事も多く、物足りないところもあるかと思います。

しかし、〇〇さんがバックでしっかり支えていただいているお陰で、他の従業員たちも安心して、しっかり仕事ができます。

彼らがしっかりと仕事ができるので、私も安心して営業活動など、外に打ってでることができます。

結果として、チームとして成果を挙げることができているのです。

つまり、〇〇さんの仕事は、会社全体の中でとても重要なものばかりで、大変助かっております。

ここに、契約更新にあたり、一年間の感謝と今後のお願いとさせていただきます。

平成〇年〇月〇日

〇〇株式会社
代表取締役　〇〇　〇〇

的になりがちな契約更新のタイミングに、ベテラン社員へ光を当てることが大きな目的である。

◆会社で役立っていることを伝える

手紙の文例では、会社はチームで仕事をしており、それぞれが持ち場の仕事をしっかりとやってくれているから、会社業績があげられている旨を伝えている。

実際のところ、少々投げやりな働きぶりで、そう役に立っていないこともあるかもしれない。しかし、そのようなことを手紙に書いても反発されるだけで、かえって働きぶりが悪くなる。

だから、「会社としては、こんな感じで働いていただくと、とてもありがたい」という思いを盛り込んでベテラン社員をその気にさせるのも一つの手だ。

◆ＪＲのトイレに貼ってあるメッセージに学ぶ

駅など、不特定多数の人が利用する公共施設のトイレは汚れやすいものだ。ひと昔前なら「汚すな」「きれいに使用してください」とかいう貼り紙が定番だったが、そのようなメッセージでは限界があるのか、何年か前から変わって来ている。

ＪＲの駅では「いつもきれいに使っていただきありがとうございます。」と前もってお礼メッセージになったが、これが高じてか最近のＪＲのトイレは綺麗だ。

契約更新時の手紙も、このように、できていないことをさせようとする命令的なメッセージよりも、前もって承認するような形式のほうが効果的である。

労務小話　第5話

永年勤続記念の北海道旅行

おかず　ご隠居さんも会社にいる頃、永年勤続の表彰とかしてもらいましたか？

ご隠居　だいぶ昔になるが、10年、20年、30年と3回ほどもらったことがある。

おかず　今度、会社で初めて勤続30年という方がいらっしゃるんです。今まで10年、20年は記念品としてバスで行く1泊2日の温泉旅行だったんですが、30年だからと社長が奮発して、北海道旅行でもどうかな、なんて話になっているんですよ。それに、その方はお誕生日も近いので、何かサプライズでもと考えています。

ご隠居　それは良いのう。

おかず　例えば、当日乗る飛行機のキャビンアテンダントのお姉さんから、空の上でバースデープレゼントを渡してもらうとか。

ご隠居　たしかに、良いアイディアじゃが、ちょっと無理かな。バースでないから。

おかず　バスでなく飛行機だから？　ちょっと難しいけど、またまた面白いことをおっしゃる。

ご隠居　飛行機だけにちょっと高度過ぎたかな。

（つづく）

第6章

退職時は気持ち良く送り出そう

本章のポイント

一、退職時の手続きはテキパキと行う
二、三方良《さんぽうよ》しの退職挨拶状を差し出す
三、在職中のことは退職時までに清算しておく
四、退職者へ礼を尽くす3つの視点
五、送別会で社内の雰囲気を良くする

「終わり良ければすべて良し」というが、何事も最後が重要だ。

期間的には、退職日1か月前ぐらいから退職日までにやっておくべきポイントだが、どうしても人の気持ちへの配慮が中心となる。もちろん、法律や経営面にも配慮したバランス感覚は必要だ。

仮に在職中に少々の問題があったとしても、定年そしてその後の再雇用期間を終えて退職となれば、ここは気持ち良く送り出したい。

この期《ご》に及んで小難しいことを言ったところで、退職者はもとより他の従業員からも、単に難くせをつけているぐらいにしか受け取られない。

【人の気持ち視点】

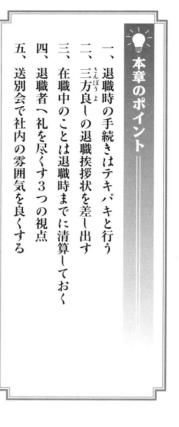

とにかく気持ち良く送り出すことが重要だ。

顧客へ差し出す退職挨拶状は、顧客対策のみならず、ベテラン社員やその他の従業員が会社に対して安心感を持つなど、人の気持ち対策にも役立つ。

退職日にベテラン社員やその家族へ向けて差し出す退職感謝状は、在職中の功労に対して感謝を表す感動の一通だ。また、在職中をトータルで評価することによりベテラン社員も報われる。

そして、最後のイベントである送別会は、ベテラン社員を気持ち良く送り出すばかりではなく、他の従業員との信頼関係を高めて社内の雰囲気を良くすることができる。さらに、送別会の幹事さんへの対応も大きなポイントだ。

【法律の視点】

退職時は入社時と同様、法律関係の手続きが多い。雇用保険や社会保険など、期限が決まっているので、モタモタして遅れると退職者に不都合が出てくることもあるので気をつける。

また、長年の雇用関係が解消されるわけだから、未払い残業代の確認、未消化の年次有給休暇への対応など、退職時までには清算しておくことも多い。

さらに、退職者への感謝の法的裏づけとして退職時の健康診断は、退職後の健康保険や年金給付にも影響があるので外せない。

【経営の視点】

長年勤務したベテラン社員の退職について、対応を誤ると顧客との信頼関係を損ねる。だから、退職挨拶状を差し出し、キチンとした対応をすることにより、顧客との信頼関係をより高める。

未払い残業代や残った年次有給休暇は、ある意味〝含み損〟なので、退職時までに清算しておくことは経営リスク対策からも必要だし、顧客との売掛金などの残高確認、退職後の営業秘密保持誓約についても同様だ。

また、退職者へ礼を尽くすことにより、退職後に外部顧客として、自社のファンになってもらうことは経営戦略上も重要なことである。

1 退職時の手続きはテキパキと行う

雇用関係で大切なのは、採用時（入口）と退職時（出口）だが、別れ際《ぎわ》である退職時は特に重要だ。その中でも、役所などへの退職関係手続きは、モタモタしていて少しでも遅くなると、他のことにも不満が出やすい。

そのためには、退職1か月前くらいから準備を始めておき、退職日には必要書類などを揃え、退職後は間《かん》髪《ぱつ》を入れずに、テキパキと手続きを行うことが何よりも重要である。

1 モタモタがトラブルのもとになりやすい

役所などへの手続きは、法令で期限が決められており、何だかんだ言ったところでこれに従わざるを得ない。また、いくら気持ち面の対策を講じたところで、このあたりがモタモタしていると、今まで築いてきたもののすべてが否定されてしまう。

◆手続きには期限がある

退職時には、各種手続きが必要だが、どれも提出期限が決められている。

主なものとしては、次のとおりだ。

- 雇用保険の被保険者資格喪失届は退職した日の翌々日から10日以内
- 社会保険（健康保険・厚生年金保険）の被保険者資格喪失届は退職日の翌日から5日以内
- 賃金や積立金など本人の権利に属するものの支払いや返還は請求があった日から7日以内
- 退職時の証明は請求があった日から遅滞なく
- 所得税の「源泉徴収票」の交付は退職後1か月以内
- 住民税の異動届は退職日の翌月10日まで

◆会社にとっては一部だが本人にとってはすべて

光陰《こういん》矢の如《ごと》しというが、月日はあっという間に過ぎていく。

会社の業務には繁閑《はんかん》があり、退職者の多い月末などは、月をまたぐ前後で忙しかったりする。そうなると、悪いとは分かっていても、退職者の手続きが後回しになってしまいやすい。それに、ハローワークなど役所は土曜日・日曜日・祝日は休みであり、手続きのできる日はそう多くなく、気がつけば提出期限をとっくに過ぎていたりするものだ。

一方、退職した人は、いつ手続きが完了するのか一日千秋《いちじつせんしゅう》の思いで待っている。会社にとっては、その他多くの手続きの一部なのだが、本人にとってはすべてなのだ。

◆手続きの早さで良好な関係を保つ

終り良ければすべて良し、というが在職中に多少のことはあったとしても、気持ち良く送り出してもらえればベテラン社員も「まぁ、いいか」なんてことにもなる。

しかし、会社が行うべき手続きや、退職者から頼まれた書類を、いつまでもモタモタと処理してくれなかったりすると、どうでもいいようなことまでほじくり返され、何だかんだとトラブルになりやすい。だから、法令で決められている提出期限は最終期限だと認識し、退職者が変なことを考える隙を与えないよう、できるだけ間髪を入れずに処理をする。

要は、会社との関係を良好に保ったまま、失業給付の受給など早く次の段階に進んでもらいたいのだ。

❷ 退職1か月前までにこれだけはやっておく

手続きの期限を守るには、今日のことを今日始めても遅い。退職日は遅くとも1か月前には確定するはずだから、それに合わせて準備しておくことがポイントだ。

◆退職日、退職理由をハッキリさせる

定年退職やその後の再雇用期間満了による退職であれば、ハッキリしていそうなのだが、それでも中小企業ではたまに曖昧《あいまい》な場合もある。

就業規則の規定では、「60歳到達直後の賃金締め切り日をもって定年退職とする。定年退職後も希望する場合は1年更新で65歳まで再雇用する。」とする規定が多い。

定年で再雇用を希望しないのであれば「定年退職」、定年後に再雇用され期間満了で退職するのであれば「定年後の再雇用期間満了による退職」である。また、再雇用期間満了前に自己都合で辞めるのであれば「自己都合退職」だ。これの認識が、お互いに食い違ったりしていることもある。

だから、最低限、退職日と退職理由はお互いにハッキリさせておくことが必要だ。

◆健康保険、年金、住民税のことを説明する

退職する人にとっての関心ごとは、退職後の健康保険や年金、それに失業給付のことだ。この手のことは口頭で説明するとともに、文書も渡しておくと漏れがなくて済む（図表31）。

健康保険は国民健康保険または健康保険の任意継続被保険者、もしくは家族の健康保険に扶養家族として認めてもらうという選択肢がある。

年金は国民年金の加入は原則60歳までだから、退職後に厚生年金から国民年金へ変更する必要はない。ただし、配偶者が60歳未満の場合は、配偶者自身は国民年金第3号被保険者から第1号被保険者への変更が必要となる。

住民税は前年の所得に対するものを後払いだから、退職後に無収入になっても支払う必要があるので注意が必要だ。

◆雇用保険の失業給付などについて説明する

失業給付などに関する退職後の選択肢は３つある。

まず、すぐに別の会社に再就職する場合は、再就職先で雇用保険に加入し、一定の要件を満たせば、65歳に到達するまでの間、ハローワークから「高年齢雇用継続基本給付金」が支給される（第4章第2節１３５ページ参照）。

65歳未満		
10年未満	10年以上20年未満	20年以上
90日	120日	150日

※障がい者手帳（６級以上）所持者等には給付日数の特例があります。

65歳以上	
１年未満	１年以上
30日	50日

※一時金として給付

4．特別支給の老齢厚生年金と失業給付との調整

特別支給の老齢厚生年金を受給できる方については、失業給付を受ける間は特別支給の老齢厚生年金は全額支給停止されます。

65歳から受給する老齢厚生年金は、失業給付を受給している間も支給停止されることはありません。

5．住民税

住民税は、前年の収入により税額が決定され、毎年６月から翌年５月にかけて後払いになります。毎月給料から引かれて、会社で納税してもらっている人は、次の取扱いになります。

①	１／１～４／30の退職	住民税の未納額を一括して最後の給料等から控除してもらう
②	５／１～５／31の退職	５月分を徴収すれば未納はなくなり、これで控除は終わり
③	６／１～12／31の退職	後は自分で納めるか、会社に一括して控除してもらう

6．退職金

退職金が支給される場合は、「退職所得の受給に関する申告書」を会社へ提出します。

7．その他

①健康保険被保険者証や制服・社員証などは退職日までに会社へ返却してください。

②仮払い金・立て替え金などがある場合は、退職日までに精算してください。

③その他、不明な点は会社または下記へお問い合わせください。

- 失業給付……ハローワーク
- 年金……市区町村役場、年金事務所
- 健康保険……市区町村役場、健康保険協会（健康保険組合）
- 住民税……市区町村役場
- 所得税……税務署

図表31　退職される方への説明用資料

定年後の再雇用期間満了により退職される方へ

長い間の勤務お疲れ様でした。会社を退職されるにあたり、次のことをご確認ください。手続きは提出期限などが決められていますのでご注意願います。

１．健康保険

次のいずれかの保険に加入することになります。

①	国民健康保険に加入する	住所地の市区町村役場で、退職した日の翌日から14日以内に手続きを行う	保険料は前年の収入などにより決まる
②	健康保険の任意継続被保険者になる ※条件を満たせば２年間加入可能 ※資格喪失前に健康保険の被保険期間が継続して２か月以上必要	住所地を管轄する健康保険協会もしくは加入していた健康保険組合へ、退職した日の翌日から20日以内に手続きを行う	現在負担している保険料の２倍。ただし、標準報酬月額28万円を上限として計算される （平成28年現在健康保険協会の場合）
③	健康保険（社会保険）の扶養家族になる ※収入制限あり	健康保険に加入している家族の勤務先にお願いする	保険料は不要

２．国民年金に加入

加入義務は20歳から60歳未満の人ですが、年金の受給資格のない方は、60歳以上でも任意加入できる場合がありますので、市区町村役場でご相談ください。なお、配偶者で60歳未満の方は国民年金第３号被保険者から第１号被保険者への変更が必要です。

３．雇用保険の失業給付

退職後、再就職の希望があり失業給付を受ける方は、会社から交付する雇用保険被保険者離職証明書に必要書類を添えてハローワークへ行ってください。受給できる日数は、雇用保険加入期間と離職日の年齢により次のとおりです。健康保険の傷病手当金との併給はできません。

なお、失業給付は、原則として離職後１年以内に受給する必要がありますが、しばらく就職の希望がない場合は、離職日の翌日から２か月以内にハローワークへ「受給期間延長申請書」を提出し、この受給資格期間を最長２年間に延長できます。

次に、すぐ失業給付を受ける場合は、雇用保険加入年数により原則として最高150日分の失業給付を、給付制限期間なしで受けられる。ただし、65歳到達以後に退職した場合は、雇用保険加入年数に応じて、30日もしくは50日分の一時金となる。

そして、しばらく休養してから就職する場合は、ハローワークに申請して、1年間の受給資格期間を2年間に延長しておく。ただし、受給資格期間を延長しても、失業給付の支給日数が増えるわけではない。

❸ 退職日までにこれだけはやっておく

退職するということは、もう会社には出勤しないわけだからベテラン社員と接触する機会は基本的にはなくなる。

だから、できるだけ在職中に済ませるべきことは済ませておく。

次の❶から❸については、できるだけ退職日までに、❹と❺についても、退職後速《すみ》やかに済ませておくようにする。

❶雇用保険被保険者離職証明書への署名または記名押印

雇用保険被保険者離職証明書は失業給付を受ける際に必要な書類で、退職時に会社が作成しハローワークにおいて内容などを確認されたものを退職者本人へ交付する。

この雇用保険被保険者離職証明書には、退職前6か月間に支給された賃金や退職日、退職理由などが記載されるが、その内容に間違いがないかどうか、確認のうえ本人の署名または記名押印が必要だ。

❷健康保険被保険者証の回収

健康保険被保険者証は退職日までしか使用できない。だから、退職日には必ず回収しておく。しかし、退職日を過ぎても手元にあると、使用してしまう人がいるので注意が必要だ。その際には、扶養家族へ交付されたものも回収する必要があるので忘れないようにする。

もし、紛失などにより回収できない場合は、喪失届に「回収不能届」を添付して手続きを行う。

❸健康保険・厚生年金保険被保険者資格等取得（喪失）連絡票の交付

退職後に、国民健康保険や国民年金へ加入する場合に必要な書類だ。本人や扶養家族だった人の氏名、生年月日、資格喪失日（退職日の翌日）などを記載して事業主名で証明する。これの交付が遅れると、国民健康保険などの加入手続きが遅れてトラブルになりやすい。

❹退職時の証明書

労働基準法に基づき、本人が希望した場合に、交付することになっている在職中の契約内容などの証明書だ。証明すべき事項は、①使用期間、②業務の種類、③当該事業における地位、④賃金、⑤退職の事由（解雇の場合はその理由を含む）のうち、本人が請求したものに限る。

❺給与所得の源泉徴収票

退職した年に会社から支払われた賃金や賞与額と、それらから天引きされた源泉徴収税額が記載されたもので、その年の年末調整や確定申告に必要となる。それなら年末でも良さそうだが、規定上は退職後１か月以内だから期限は守っておいたほうが無難だ。

2 三方良しの退職挨拶状を差し出そう

中小企業では、定年退職やその後の再雇用期間を終えての退職にしても、退職時の対応が漫然《まんぜん》と行われていることが多い。そのため、顧客のみならず、他の従業員にも、あらぬ不安感を与えてしまうことがある。だから、退職時には心を留めて、会社の思いを堂々と伝えておきたいが、そのために差し出すのが退職挨拶状だ（文例10）。

1 退職挨拶状とはどのようなものか

これはベテラン社員が退職する場合に、退職1か月前ぐらいに顧客などへ差し出す手紙だが、退職年月日、退職理由、後任者名などを盛り込む。

◆ベテラン社員の定年などによる退職を顧客へお知らせする手紙

退職挨拶状とは、顧客へベテラン社員が定年などにより退職する旨をお知らせする手紙である。ちょうど、社長交代などの場合、新旧社長連名で白い封筒に入った挨拶状が届くが、あれを簡単にしたものだ。

営業職など外部との接触が多かったベテラン社員が対象である。

もちろん、ベテラン社員自身も退職後にお礼状などを個人として差し出すかとは思うが、この退職挨拶状

文例10　退職挨拶状

拝啓　時下　貴社ますますご清栄のこととお慶び申し上げます。

平素は格別のお引き立てを賜り厚くお礼申し上げます。

さて　弊社営業部長　〇〇　〇〇につきましては、平成〇年〇月〇日をもちまして定年退職をすることになりました。

昭和六十年四月の入社以来約三十年間にわたり、皆様方には大変お世話になり、ここに厚くお礼申し上げます。

なお、後任には〇〇　〇〇を充て、従来と変わらない体制で臨んで参ります。

近日中に、本人ならびに後任者ともども参上いたしご挨拶申し上げる予定でございますので、変わらぬご指導ご鞭撻を賜りますよう謹んでお願い申し上げます。

末筆ながら　貴社のますますのご発展を心よりお祈り申し上げ、甚だ略儀ではございますが、従業員退職のご挨拶とさせていただきます。

敬具

平成〇年〇月〇日

〇〇株式会社
代表取締役　〇〇　〇〇

お取引先各位

は会社として社長名により退職前に差し出す手紙だ。通常はA4サイズの紙1枚、またはハガキである。

◆いつ頃差し出すのか

退職1か月前ぐらいに差し出す。

定年後の再雇用については1年契約更新が多いが、64歳で早めに辞める人もいるだろうし、逆に65歳もしくはそれ以降も勤務を続ける人もいる。その選択は、本人の希望と会社の事情で決まるが、川越式定年・継続雇用手順では、できるだけ1か月前までには、今後の1年間について決めることをお勧めしている。

そうなると、1か月前までには退職日も確定し、大方の退職関係の手続き準備も終了しているのでこの時期がちょうど良い。

通常、ベテラン社員が退職する場合、顧客へ挨拶回りを行うが、事前に退職挨拶状が届いていると、訪問時に話が切り出しやすいし、早めの発信により、円満退職であることを印象づけられる。

◆盛り込むポイントは

担当であるベテラン社員が退職しても不安を持たれないようにする。

まず、対象であるベテラン社員が、定年で、いつ退職するのかをハッキリ盛り込む。定年後の再雇用期間満了による退職であれば、退職理由をそのように書くべきかもしれないが、そのようなことは内部の問題でもあるので、対外的には定年退職で構わない。もちろん、正確を期したいのであれば、そのように明記する。

そして、勤務期間中のご厚情に感謝し、後任者を紹介し従来と変わらない体制であること、近日中に、退職者と後任者でご挨拶に伺う旨などを盛り込むことになる。

2 なぜ退職挨拶状が必要なのか

ベテラン社員の退職に限ったことではないが、口頭だけだと会社が伝えたい情報は正しく伝わらないことが多い。だから、この退職挨拶状は、情報を正しく伝えることと、挨拶回りの漏れをカバーすることを主な目的とする。

◆ベテラン社員の退職理由をハッキリ示すことができる

例えば、定年退職等をしたベテラン社員宛てに、事情を知らない顧客から電話があったとしよう。もちろん、電話を取った従業員が、退職の事情などを、丁寧《ていねい》に受け答えしてくれれば問題ないが、普通の従業員というのは、自分の仕事が忙しかったりすると「部長は辞めました」とだけ伝え、電話を切ってしまうかもしれない。しかし、このひと言で、どれだけ会社の信用を失墜《しっつい》させることか。

特に、ベテラン社員が仕事ができる人だったりすると、他社に引き抜かれたのではないか、起業するのではないかなどと憶測が飛び交うことも。「えっ、○○さん辞めたのか、何かあったのかな……」と。だから、相手がいろいろ詮索《せんさく》する前に、先手を打っておくのである。

◆挨拶回りの漏れをカバーできる

定年などによる退職に限らず担当者が変わる場合には、退職前には後任者を連れてご挨拶に行く。しかし、相手が留守だったり、大きな会社だとすべての人にご挨拶できるわけではない。

もちろん、実際に顔を合わせてご挨拶するのが確実だが、この退職挨拶状は、あくまでそれをカバーすることが目的である。

それに、あらかじめ退職挨拶状が届いていれば、退職日や後任者名も事前に分かるので、ご挨拶に伺った際に「そういえば、お手紙を頂戴《ちょうだい》していましたね」と話が切り出しやすい。

◆中途退職の場合は特に必要

文例10は、定年などにより退職するケースを想定している。しかし、中途退職であっても、というより中途退職の場合は特に退職挨拶状を出しておくべきだ。

たしかに、中小企業では、中途退職というのもめずらしくない。しかし、ベテラン社員だと、会社と何かトラブルがあったのではないか、などと詮索されることだってある。実際のところは、親の介護や自分自身の健康、もしくは単に仕事を辞めてゆっくりしたい、という会社には何の関係もない理由かもしれないのに、噂が勝手に一人歩きしだす。

だから、定年退職などでない中途退職の場合は、退職理由をハッキリさせるためにも、特に必要なのだ。

❸ 三方良しの退職挨拶状

この退職挨拶状は、差し出した先の顧客との信頼関係が高まり会社良し、差し出した会社に安心感を持てて他の従業員良し、そして花道をつくってもらい、変なことを起こしにくくなるベテラン社員良しの三方良しである。

◆顧客との信頼関係が高まり会社良し

商取引は信頼関係のうえに成り立つが、会社の顔としての担当者が、コロコロ変わるようだと会社自体を信頼できない。コロコロ変わるわけではないにしても、ベテラン社員が辞めて担当が変わる場合は要注意だ。

ベテラン社員ともなれば勤続年数も長く、顧客との関係も親密になっているわけで、退職により担当が変わる場合もそれなりの配慮が必要である。その点、退職挨拶状を差し出すことは、会社が顧客との関係を大切にしていることが伝わりやすい。

たしかに、ベテラン社員が退職して担当が変わるというのは痛手かもしれないが、このような退職挨拶状を差し出しておくと顧客との信頼は高まる。キチンとした会社に、キチンと礼を尽くせば、キチンと対応してもらえるものだ。

◆会社に安心感が持てて他の従業員良し

ベテラン社員の定年退職などは、他の従業員にとっても明日は我が身である。先輩であるベテラン社員が、どのような理由にせよ退職する場合、会社の対応は大いに気になるところだ。

だから、定年退職などの場合は会社を挙げて送別会をしたりして気持ち良く送り出すが、この退職挨拶状もその一環であり、このような会社の姿勢に、他の従業員は我がことのように安心感を持つ。

安心感を持つからこそ、会社のために一所懸命に頑張ろうとする。

会社経営の中で、いちばん大切にすべきは従業員とその家族だが、だからこそ、雇用関係の終了である退職時は、より丁寧な対応が必要なのだ。

◆花道をつくってもらいベテラン社員良し

退職挨拶状を差し出すには、そこそこの手間と費用がかかる。それでも、自分の退職に当たって退職挨拶状まで出して花道をつくってもらえば悪い気はしない。

振り返ってみれば勤務期間中に不満が全くなかったわけではないだろうが、別れ際が綺麗だと、終わり良ければすべて良し、となりやすいものだ。

また、定年退職であったとしても少々ワケあり退職であった場合、このような退職挨拶状を差し出されるとベテラン社員も変なことを起こしにくい。

だから、「変なことをしないでね」とやんわりと釘を刺しておく意味もある。変なことを起こすと、会社も困るがベテラン社員だって、長年の勤務実績にキズがつき後味が悪くなる。だから、そのようなことをさせないのも会社としての愛情だ。

3 在職中のことは退職時までに清算しておこう

たしかに、定年なり定年後の再雇用期間満了による退職だから、いわゆる円満退職である。

しかし、人が辞めることには違いないわけだから、情けのみならず法的、経営的にも在職期間中のことは退職時までに清算しておくことが必要だ。「情けは情け、法は法」である。

主なものとしては、未払い残業代などの賃金、有給休暇（年次有給休暇）、そして担当している顧客の売掛金残高確認と退職後の秘密保持誓約などだ。

❶ 賃金は綺麗に払っておく

在職中のことでもめごとになりやすいのが賃金、とりわけ未払い残業代だ。何しろ、退職した後も2年間は請求できるので忘れた頃に請求が来るし、そもそも、会社側はそのような未払いがあることを認識していないので寝耳に水なのである。

特に、定年時に賃金を引き下げている場合は要注意だ。

◆退職後1か月過ぎに請求が

退職日に菓子折りまで持参して「お世話になりました」と、丁寧に挨拶して帰った人から、まさかの内容証明が届くことも少なくない。

未払い残業代の請求だが、なぜか退職後1か月過ぎに届くことが多く、会社にとっては、まさに寝耳に水、青天《せいてん》の霹靂《へきれき》である。

もちろん、毎月綺麗に支払いが終わっていれば問題はないが、未払いがあったりすると賃金の時効は2年間だから、退職後2年間はこのようなことが起きても不思議ではない。

そもそも、残業代に対する認識が経営者と従業員では違うところが多く、経営者にしてみれば「いろいろしてやったのに……」と腸《はらわた》が煮え返ることになる。

◆残業代の未払いが発生しやすい営業職、管理職、定額残業代

残業代の未払いが発生しやすいものとしては3つある。

まず、営業職については、外勤だから時間管理ができないので、いくらかの営業手当だけ出して済ませている場合だ。しかし、今どきは外勤だからというだけで、そのような取り扱いが認められることはない。

次に、管理職については、労働基準法に定められている管理監督者の規定が一人歩きして、実《まこと》しやかに広まっている。しかし、課長など名称だけで残業代を払わなくて良いということはない。

そして、定額残業代については、設定した時間を超えて残業をした場合には、別途残業代の支払いが必要だが、そのあたりが曖昧《あいまい》だと、支払っている定額残業代全部が残業代として否認されやすい。

◆未払い賃金がないかを確認する

できれば、うやむやのままで済むものであればそうしたいのも山々である。しかし、起きてほしくないことに限って突然やって来るのが世《よ》の常《つね》だ。

だから、少なくとも退職前2年間に、未払いの原因となるようなことがなかったか確認してみる。

そして、お互いに譲歩できることは譲歩してケリをつけておく。

意外に軽く見られているのが、代休の未処理分だ。代休は休日に出勤した場合に、休日手当の代わりに休んでもらう制度だが、この代休がなかなか取得されていなかったりする。

細かいことは抜きにしても、少なくとも賃金締め切りを越えて未処理だと賃金未払い状態だ。

❷ 請求された年次有給休暇は綺麗さっぱり差し上げる

年次有給休暇（有給休暇）を退職時にまとめて請求されることに戸惑《とまど》う経営者は多い。しかし、これを合法的にご遠慮いただくことはできないし、下手をするともめごとの原因となってしまう。

だから、ここまで来たら、綺麗さっぱり差し上げるか退職時に買い取るしかない。

◆退職前にまとめての有給休暇請求

「退職前に40日も有給休暇を取ると言って来たが……」などという、経営者から怒りにも近いご相談を受けることがある。そもそも有給休暇が何で40日もあるのか。

有給休暇というのは、勤続年数が増えるに従って1年間に付与される日数も増えるが、6年半以上勤務すると20日となり、その後も1年ごとに20日付与となる。

また、有給休暇は付与後2年間に限り繰り越しできるので、定年前の勤続年数も通算し、7年半以上勤続している人は最大40日間の残日数があるということだ。

そして、有給休暇は従業員が希望した日に取得させることになるが、退職後には請求できないので、退職前に40日請求されることもあり得る。

◆請求を拒否すればもめごとの原因となりやすい

たしかに、会社側にも業務運営に支障がある場合、請求された日を他の日に変更することができるが、退職日までの範囲でしかできない（昭和49年1月11日基収第5554号）ことに留意が必要だ。通常の場合、自分の有給休暇残日数と退職日までの所定労働日数（所定休日以外の日）を計算して請求してくるだろうから、結果として変更の余地はないことになる。

このようなことは、経営者の常識としては少々おかしいし、相談する相手によっては感覚的に「それはおかしい」とアドバイスする人もいるかもしれない。しかし、それを鵜《う》呑《の》みにして有給休暇の請求を拒否すれば、もめごとの原因になってしまうことも……。

「会社がそういうお考えなら……」と、前述した残業代のことをはじめ、経営者としては忘れてほしいようなことまで引っ張り出されてしまう。

◆**場合によっては買い取りも**

有給休暇というのは勤続年数だけで付与日数が決まるので、いたって分かりやすい制度だ。基本的に、直近1年間の出勤率が8割以上であれば無条件に付与される。

だから、日頃からほどほどには取得させて残日数を減らしておき、退職時にまとめて取得される日数をできるだけ減らしておく。

そして、現行法上、請求されたら綺麗さっぱり差し上げるしかない。

また、退職時に引き継ぎなどでどうしても出勤してほしい場合は、事情を話し、本人が納得すれば退職時点での残日数を買い取ることも選択肢の一つだ。

「請求された有給休暇ですが、引き継ぎのこともあるので、この10日間だけは出勤してもらえませんか。そのぶんは退職時に買い取りますから」という具合に。

もちろん、労働基準法では有給休暇の買い取りを原則的には禁止している。しかし、本人が納得し任意で出勤した結果、退職時に残った有給休暇を買い取ることは便法として現実的だ。

❸ 必要な場合はココまでやっておく

従事していた仕事の内容にもよるが、必要な場合は担当している顧客の売掛金残高確認書、営業機密保持の誓約書なども必要になる。もちろん、ベテラン社員を信用しないからではなく、何か起きてお互いの関係が気まずくなるのを防ぐ予防策であることは言うまでもない。

◆顧客の売掛金残高確認書

もちろん、決算期など定期的に残高確認などが行われていれば、退職時に改めて行う必要はないのだろうが、そうでない場合は、退職時の引き継ぎ書類の一つとして、売掛金残高確認書も必要だ。

「えっ、それは支払い済みですよ」「返品してますよ」「値引きしてもらったはずですよ」などと、退職した後になって出て来る顧客との行き違い。中小企業では配置転換することも少なく、ベテラン社員だと長年にわたり、同じ顧客を担当することも多いので、たまにこのようなことも起こり得る。

在職中も何となくおかしいなと思っていても、相手がベテラン社員だと、他の従業員もなかなか面と向かって指摘しにくい雰囲気もあり、ずるずるとこのような状況になってしまう。

このようなことは、大体退職後に発覚するが、そこで慌てて対応しても、顧客からは「御社の管理体制はどうなっているんですか」と不信感を持たれるのが落ちだ。

◆営業秘密保持の誓約書

60歳前半だと、まだ他社に転職する可能性はある。他社といってもほとんどの場合は同業他社だ。

もちろん、就業規則や誓約書に競合する同業他社への就職を禁止する旨の規定は盛り込まれていても、憲法に職業選択の自由があるので、けん制にはなっても法的に阻止することは難しい。

そこで、仮に同業他社に就職したとしても、会社の営業秘密を漏らさないよう秘密保持誓約書（文例11）をもらっておく。もちろん、これもけん制の意味合いが強いが。

また、営業秘密として保護されるには、次の3つの要件が必要とされている。

文例11　退職時の秘密保持誓約書

○○株式会社
代表取締役　○○　○○殿

秘密保持誓約書（退職時）

今般、私は平成○年○月○日付けにて会社を退職するにあたり、下記の事項を守り、貴社にご迷惑をかけないことをここに誓約します。

記

①在籍中に従事した業務において知り得た貴社（子会社、関係会社を含む（以下同じ））が秘密として管理している技術上・営業上の情報（以下「営業秘密」という）について、退職後においても、これを他に開示・漏洩したり、自ら使用しないことを誓約します。
②在籍中に入手した文書、資料、図面、写真、サンプル、磁気テープ、フロッピーディスク等業務に使用したものは、現状のまますべて返却するとともに、そのコピー及び関係資料等も返還し、よって、一切保有していないことを誓約します。
③営業秘密が貴社に帰属することを確認し、貴社に対して営業秘密が私に帰属する旨の主張をしないことを誓約します。
④貴社の従事員に対し、退職の勧誘、引抜き行為等をしないことを誓約します。
⑤前各事項に違反して、貴社の秘密情報を開示、漏洩もしくは使用した場合、法的な責任を負担するものであることを確認し、これにより貴社が被った一切の損害を賠償することを約束致します。

平成○年○月○日

住所

氏名　　　　　　　　　　㊞
（署名または記名押印）

［秘密管理性］秘密として管理されていること
［有用性］生産方法、販売方法その他の事業活動に有用な技術上または営業上の情報であること
［非公知性］公然と知られていないものであること

4 退職者へこうやって礼を尽くそう

定年まで働いてくれた従業員というのは、ある意味会社の宝であり、それなりに礼を尽くして送り出すべきだ。そのことは、退職者のみならず、若い従業員にとっても安心感が高まり、モチベーションアップにつながる。

その際に注意したいのは、手紙や言葉による感謝はもちろん大切だが、それに加えて在職中の適切な評価や健康面への配慮など、感謝に対する裏づけもキッチリやっておくことだ。

1 退職日に感謝の気持ちを伝える

思っていても、面と向かうと照れが先立ち、思うように感謝の気持ちを伝えられない。しかし、泣いても笑っても、雇用関係があるのは今日までだ。

「長い間、本当にありがとうございました」。このひと言に、ベテラン社員やその家族がどれほど感動する

ことか……。

◆最後まで勤め上げたことは称賛《しょうさん》に値《あたい》する

中小企業に、定年または定年後の再雇用期間満了まで勤め上げるというのは並大抵のことではない。場合によっては同族経営の中にあり肩身の狭い思いもしただろうし、代替わりで複雑な思いもあったはずだ。賃金や福利厚生においても、大手と比べればお世辞にも立派とはいえない状況で、転職を考えたこともあっただろう。また、思いきって起業を考えたこともあったかもしれない。

しかし、会社のために最後まで勤め上げた職業人生、まさに称賛に値する。派手さはなくても、多くの中小企業は、このようにコツコツと頑張ってくれている人で成り立っていると言っても過言ではない。

◆心にしみる退職感謝状

定年後の再雇用期間が満了し、その後は再々雇用にならなければ、いよいよ退職となるが、その際に差し出すのが退職感謝状（文例12）だ。なお、この手紙は、お花を添《そ》えて退職日当日ご自宅へ送ることを想定している。思っていても照れがあり、なかなか口に出せないのが中小企業の社長だ。だから、その思いを一通の手紙に託す。

手紙にこれといった決まりはないが、文例は先代から二代にわたって仕《つか》えてくれたベテラン社員を想定している。35年もの間、苦労しながら勤めてきたが、最後の最後に社長の思いが込められた手紙。これが心にしみて、働く者にとってこれ以上の喜びはない。

「いろいろ苦労したけど……」、35年間のことが走馬灯《そうまとう》のように駆け巡る。

文例12　定年後再雇用期間満了による退職感謝状

○○　○○様
○○様

長い間、本当にありがとうございました。

定年後の再雇用期間も含め三十五年間勤務してくださったんですね。

想い起こせば、私がまだ小学生の頃、会社でよく遊んでもらいました。

会社の駐車場で焼き肉をしたり、慰安旅行に行ったり……。まるで兄弟のように可愛がっていただきました。

私が先代から会社を引き継いだ時も、反発してベテランの方が次々に辞めていく中、私を黙って支えてくださった○○さんの御恩、今でも目頭が熱くなります。

また、奥様には、若い従業員たちが自宅まで押し掛けてご厄介になったことも多かったと聞いており、お礼の申しようもございません。

できれば、ずっと一緒に働いてほしかったのですが、しばらく奥様とゆっくりなさるとのこと、誠に残念ですが止むを得ません。

ここに、○○さんならびに奥様のご健康を心よりお祈り申し上げ、長年の勤務に対する感謝の気持ちとさせていただきます。

ありがとうございました。

平成○年○月○日

○○株式会社
代表取締役　○○　○○

◆ベテラン社員の家族にも感謝する

文例12は、夫が従業員として勤めてくれたことを想定し、奥様の内助《ないじょ》の功《こう》にも感謝している。もし、妻が従業員であれば、ご主人のご協力により奥様が最後まで勤め上げられたことに感謝の気持ちを表す。

いずれにしても、働くということには家族の協力が不可欠であり、家庭内がそこそこうまくいっていればこそ、会社で思い切り仕事をしてもらえる。

また、今はあまりないだろうが、以前は会社の同僚を自宅に呼んで飲み食いすることも多かった。それがコミュニケーションとなり、仕事がうまくいったものだが、**文例12**ではそのような時に、面倒を見てもらった奥様へ感謝の気持ちも盛り込んである。

もちろん、最近は退職者に独身者も多いが、その場合はその他の家族へ、もしくは本人に感謝すれば良い。

❷ 在職中をトータルで評価する

礼を尽くす2つ目は在職中の評価だが、人の評価というのは直近のことに左右されやすいものだ。いくら、気持ちで感謝したとしても、そのような評価になってしまうと、ベテラン社員も報われない。特に、退職金が絡むとなおさらだ。

◆直近のことだけに左右されがち

広辞苑によれば、評価とは「品物の価格を定めること。また判定した価格。②善悪・美醜《びしゅう》・優劣などの価値を判じ定めること。特に、価値を高く定めること。」とある。

労務においても、評価という言葉はよく使われるが、所詮《しょせん》は人が評価することなので、どうしても記憶の新しい直近のことだけで、評価対象期間全体を評価してしまいやすい。

極端な話、評価をする前日までは１００点だったものが、たまたま評価当日に何か不始末があると一気に0点になってしまうようなことだ。もちろん、客観的に0点なっても仕方ないようなことであれば問題ないが、そうとも言えないような場合は恣意《しい》的な評価と受け取られやすい。

◆退職後は外部顧客

当然ながら、雇用関係があるのは在職中だけのことだ。退職後は自社の外部顧客になることだってあるし敵に回すことだってある。特に地方だと、地縁血縁関係が強いので意外なところで意外な人とつながっていたりするものだ。

だから、在職中の評価は極力公正にトータルで評価しておくべきである。入社してから退職まで、けしからんこともあったかもしれないが、会社へ貢献してくれたこともあったはずだ。

ここで下手なことをすれば、今までコツコツと積み重ねてきたことが無駄になってしまう。

◆中小企業退職金共済制度のデメリットはメリットでもある

働く人が受ける最後の評価と言えば退職金ではないだろうか。半年、1年間の評価も難しいのに、退職金の評価となれば10年、20年単位の話になる。もちろん、その間の人事記録などがキチンと保管されていればまだしも、中小企業ではそのようなことは稀《まれ》だ。そうなると、10年、20年の評価が直近の優劣で決められることだってあり得る。

ところで、中小企業で多く加入されている退職金制度に中小企業退職金共済制度というのがある。

同制度のデメリットとして、変な辞め方をしても退職金が直接本人へ入ることを指摘される経営者も多い。

もちろん、そう思わないわけではないが、直近の評価だけで、何十年という勤務実績を評価してしまうということを避けられるメリットでもある。

結果として在職中をトータルで評価することができ、このような経営者の姿勢にベテラン社員だけでなく他の従業員も信頼を高めるものだ。

❸ できれば健康診断も実施する

礼を尽くす3つ目は、退職時の健康診断の実施だが、傷病手当金や年金にも影響してくるので、ぜひやっておきたい。決して派手さはないが、このようなことを真の愛情というのではないだろうか。

◆採用時にやるのだから退職時にも実施する

従業員の採用時には労働安全衛生法により、雇い入れ時の健康診断が義務づけられているが、退職時の実施義務はない。しかし、採用というのは大切な人を預かることであり、退職時にはお預かりした状態で返すのが原則である。もちろん加齢による変化は別にして。

長年の勤務で会社に貢献してもらえたのは健康であったからだ。だから、採用時同様、退職時も健康診断を実施する。できれば、退職記念として人間ドックがお勧めだ。

家族からしてみれば大切な家族の一人であり、法律上の義務がなくても、退職時の健康診断をしてくれる会社に対して悪い印象は持たない。

◆退職後も傷病手当金の受給可能性がある

健康保険の被保険者である従業員が病気・けがで療養し、仕事ができずに賃金を受けられないなどの要件を満たせば、傷病手当金が受給できる。支給期間は支給開始日から最長1年6か月間、手当の額は1日につき、支給開始日以前の継続した12か月の標準報酬月額の平均額を30で割った額の3分の2だ。

この傷病手当金は、継続して1年以上被保険者期間のある人が、退職時に手当を受けているか、受ける要件を満たしている場合、期間満了まで受け続けられる（失業給付との併給は不可）。

だから、健康診断で療養が必要な傷病が見つかったら、医療機関で受診し、要件を満たせば在職中に傷病手当金の受給を勧めることも考えられる。

◆障害厚生年金・遺族厚生年金の初診日確定の可能性もある

障害厚生年金は、初診日に厚生年金保険の被保険者である人が、その病気・けがで障害認定日（初診日から1年6か月を経過した日等）に、1級から3級の障害の状態にある場合などに受給できる。

遺族厚生年金も、厚生年金保険の被保険者であった人が、被保険者期間中に初診日のある病気・けががもとで初診日から5年以内に死亡した場合などに受給できる。

障害厚生年金・遺族厚生年金ともに、初診日が重要なポイントになるので、健康診断で異常があれば必ず在職中に医療機関を受診させておく。

5 送別会で社内の雰囲気を良くしよう

ベテラン社員を気持ち良く送り出す最後のイベントが送別会である。送別会の主役はもちろん、長年勤務してくれたベテラン社員だが、他の従業員との信頼関係を高める効果も大きい。

そして、送別会の幹事を務めてくれた従業員への、ちょっとした配慮が社内の雰囲気をさらに良くする。

1 退職者の花道をつくる

長年勤めてくれたベテラン社員の花道として送別会は外せない。もちろん全員参加で行うし、とにかく全員の前で功労などを称《たた》える。そして、場合によっては退職者のご家族も招く。

◆全員参加で行う

送別会は全員参加で行うのが原則だ。中途退職と違い、最後まで勤め上げたベテラン社員を送り出す会なのだから、全員で行うのが礼儀というものである。

中小企業では、そう頻繁《ひんぱん》に定年などで退職する人はいないので、このような送別会の開催に慣れていないかもしれないが、少なからずお世話になった方との別れだから全員参加が当然だ。

そして、社長が「長い間ご苦労様でした」とお酌《しゃく》でもすれば、在職中に少々のことがあっても「まぁ、いいか」となりやすい。まさに、終わり良ければすべて良し。

もし、全国展開の会社で退職者が支店などに勤務していたのであれば、支店にて送別会を開催するだろうが、少なくとも社長は駆けつけるべきである。

◆全員の前で退職者を称える

何だかんだと言っても送別会の主役は退職者だ。だから、入社してからこれまでのことを宴席で紹介するのも良い。何十年か勤務していれば、何か一つや二つ自慢できるようなことがあったはずだ。

例えば、取引先の安全大会で表彰された、お酒が社内でいちばん強い、30年間車の運転で無事故無違反、保有する資格・免許の数が社内ナンバーワン、など。

当然、このようなことは本人の口からは言えないので、幹事さんがみんなの前で称えることとなる。

また、それだけのことを紹介するとなれば、事前に取材したり記録を調べたりすることが必要となるが、若い従業員であれば、それにより会社の歴史にも触れることができ、勤める会社に誇りを感じることができる。

◆場合によってはご家族も招く

送別会には、退職するベテラン社員の奥様などご家族をお招きしても良い。ベテラン社員が長年にわたり勤務できたのは、ご家族の協力があったからであり、感謝の気持ちを伝えるのには〝もってこい〟の機会だ。

ご家族だって、自分の夫や妻がどのような人たちと働いていたのか分かるし、ある意味、晴れ舞台だからご一緒に参加していただく。

また、ひょっとしたら、従業員の中には退職するベテラン社員の奥様などご家族にお世話になった人もいるかもしれない。そのようなこともあるので、ぜひお招きしたい。

もちろん、無理強いはできないが。

❷ 送別会は退職者だけのものではない

もちろん、送別会は退職者のために開催するが、その効果は退職者のためだけにとどまらない。退職者へ丁寧に対応する会社に対して他の従業員の信頼感が高まるし、社内のコミュニケーションを深める場ともなる。

◆みんな見ている会社の対応

従業員というのは会社の対応をよく見ているものである。特に、別れ際の対応となればなおさらだ。別れ際の対応にもいろいろあるが、誰にでも分かるのが送別会である。

たしかに、退職者の中には少々問題があり、退職してくれて半分せいせいしているような人もいるかもしれない。しかし、このような場合も取りあえずは送別会をする旨は伝える。それを本人が恐縮して、送別会開催を辞退するのであれば、それはそれで構わない。会社として送別会開催の意思があったことが他の従業員に伝われば良いのである。

◆他の従業員の信頼感が高まる

〝散る桜　残る桜も　散る桜〟

若い従業員も、いずれは歳を取り定年を迎える。会社が定年などの退職者へ、どのような態度をとるかは大いに気になるところだ。表向きはどうであろうと、〝明日は我が身〟なのである。

ここで、下手なことをすれば他の従業員の人心は次第に離れていく。逆に、あの人には送別会などしないだろうな、というような人にまでキチンと行えば、会社の度量の大きさが伝わる。

このような会社の姿勢に、他の従業員は安心するし、安心するから会社への信頼感が高まるのだ。

◆社内のコミュニケーションが深まる

社内の雰囲気を良くするには、今も昔も〝飲みニケーション〟が定番だ。送別会も基本的には飲み会なので、お互いに杯《さかずき》を酌み交わしたり、飲食をともにすることで人間関係は深まるというもの。

当然、主役である退職者にスポットを当てながらも、日頃話したりすることの少ない人にも、こちらから話しかけたり、お酌をしたりする。「いつもありがとうございます」という気持ちで。

人間関係はコミュニケーションの回数と深さによって決まる。しかし、最近はなかなかそのような機会が少ない会社も多く、送別会という場も貴重なコミュニケーションの場だ。

そして、そのような場が設定できるのも、幹事さんが裏方で頑張ってくれるお蔭《かげ》であり、これに対しても何らかの配慮が必要となる。

❸送別会の幹事さんへの配慮を忘れない

送別会がスムーズに開催できるのも、準備から当日の進行など幹事さんのご苦労あってのことだ。

だから、送別会が終わってしばらく経《た》った頃に、幹事さんへねぎらいの気持ちをさりげなく伝えたい。このような配慮に従業員は惹《ひ》かれるものだ。

◆何かと苦労の多い幹事さん

限られた予算内で料理にボリュームを持たせ、飲み放題に含まれていないお酒を注文されないかとビクビクしながら、あちらこちらに気を遣いながらの2時間。「無理しないであなたも飲んだら」などと無理なことを言われながらも、耐えがたきを耐え、忍びがたきを忍ぶ。

誰よりも早く会場につき、誰よりも後から会場を出る幹事さん。我ながらよくやったもんだと自分を褒めてやり、テーブルに残ったビールを手酌でグイッとご褒美《ほうび》としていただく。

たしかに、退職者や参加者が喜んでくれれば、それがいちばんなのだが、宴《うたげ》のあとを目にすればちょっと寂しさも……。

◆少しはスポットを当てる

人は意識が高くなると、人の役に立ちたい、人から認められたいという思いが強くなる。もちろん、送別会当日は「お疲れさん」と、みんなから声をかけられるものの、主役はあくまで退職者であり、終わってしばらく経てば、幹事さんの苦労などあまり記憶に残らない。

「私の立場も考えてみてください」と思っていても口に出せない幹事さん。そんな時に、「あなたのご苦労は見ていますよ、助かってますよ」のひと言がどれほどありがたいことか。まして、そのひと言が社長から直接だとしたらなおさらだ。

送別会に限らず幹事が持ち回りの場合、次回の幹事さんにとっても他人ごとでなく、縁の下の力持ち的な仕事に光を当ててくれる会社、社長は従業員から好感を持たれる。

◆このひと言にグッとくる

送別会が終わってから1か月ほど過ぎた頃の給料袋に、さりげなく入れて渡す一通の手紙がこれだ（文例

文例13　送別会幹事さんへ差し出す手紙

〇〇　〇〇様

いつもありがとうございます。

さて、先月は送別会の幹事をしていただきありがとうございました。

お蔭様で感動的な送別会となりました。退職された〇〇さんも大変喜んでおられました。

日程調整、会場の手配など大変だったと思います。

送別会というのは、長年、会社に勤務してくださった方へ感謝して、全員で気持ち良く送り出すために催しますが、とても良い雰囲気の会でした。

当日、〇〇さんの動きを傍から見ていましたが、方々に気を配りながら、なかなかの名幹事でした。隣にいた〇〇専務も感心していました。

これから年度末に向け忙しくなるとは思いますが、今までどおり社内のコミュニケーションを大切にしながら業務に精励していただければ幸いです。

以上、簡単ですが送別会幹事を務めてくださったお礼とさせていただきます。

ありがとうございました。

平成〇年〇月〇日

〇〇株式会社

代表取締役　〇〇　〇〇

13）。従業員はこれにグッとくる。

送別会から1か月も過ぎて、送別会のことなど誰もが忘れかけた頃に、感謝の気持ちを社長が直接伝えることに意義があるのだ。

中小企業では何といっても社長の影響力が強い。日頃はいくら厳しくても、要所でさりげなく思いを伝えておけば従業員はついてくる。口に出す言葉云々《うんぬん》というより、そのような社長の配慮に従業員は惹《ひ》かれるものだ。

たしかに、「何で社長が従業員にそこまで……」と思われるかもしれないが、今はそこまでやらないといけない時代である。

労務小話

第6話

失業給付

おかず　ご隠居さん、今度定年退職する人から「失業保険の手続きをお願いします」って頼まれたんですけど、それって雇用保険のことですよね。

ご隠居　そうじゃよ。そもそも失業保険、いや雇用保険制度について、名称の沿革を簡単に説明すると次のようになっとる。

昭和22年に失業保険法が制定され、その中で失業保険制度が創設された。その後、昭和49年に失業保険法は廃止、雇用保険法が制定され雇用保険制度になった。

つまり、昭和49年からだから、もう40年以上も前から法律名も制度名も雇用保険になっとる。

おかず　そうなんですね。それでもいまだに失業保険って言う人がいるということは、よっぽどその名称に親しみがあるんでしょうね。

ご隠居　それもあるかもしれんが、歳を取ると一度覚えたことを覚え直すのが面倒なんじゃよ。

おかず　でも、法律や制度名は変わっても、失業した場合などに失業給付としてお金をいただけることには違いないじゃないですか。

ご隠居　ま～、ね。

（終わり）

生涯現役！
男女七人イキイキ物語

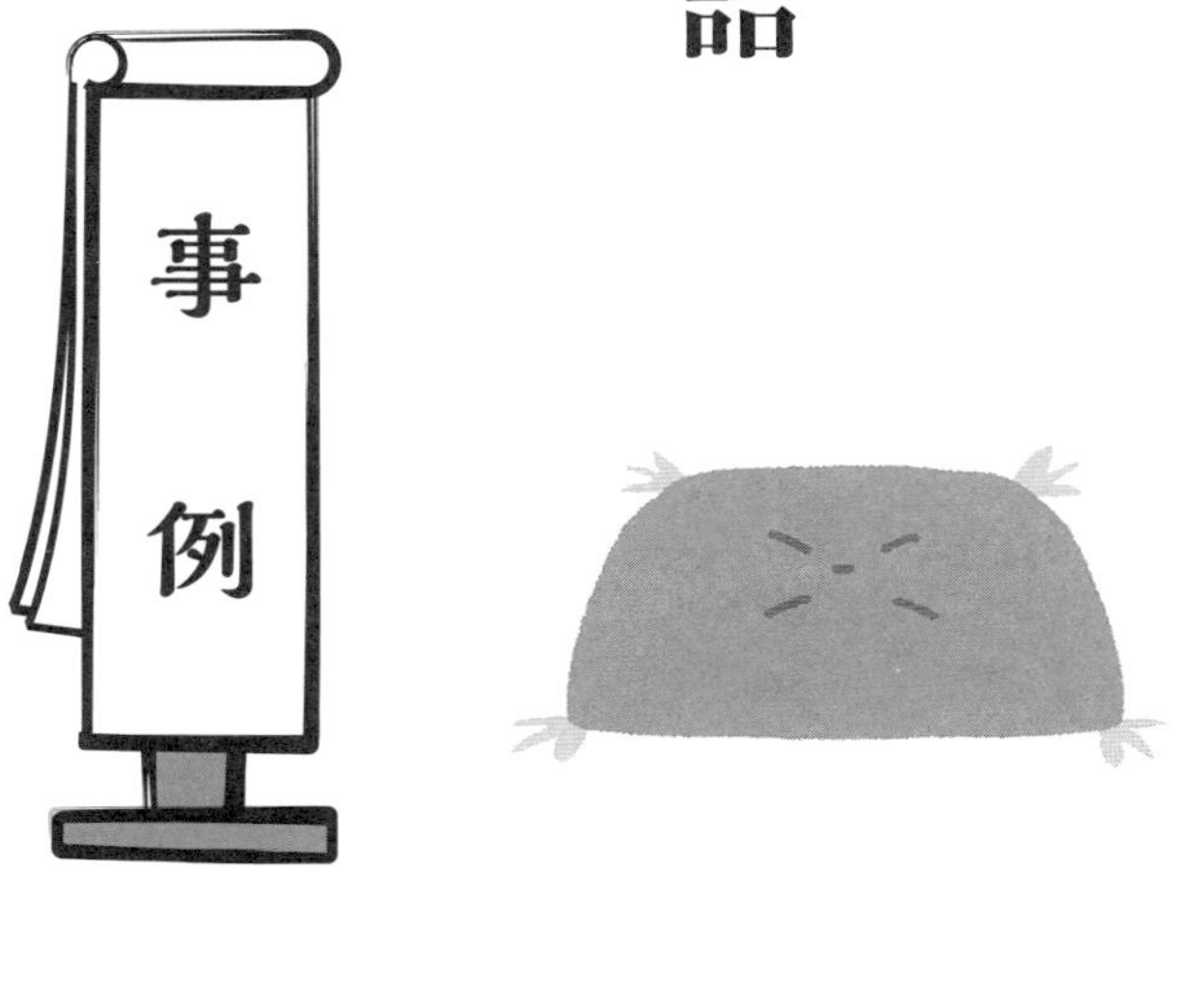

今回の執筆にあたり多くのベテラン社員にお会いして話を伺ったが、紙面の都合で7人の方を取り上げる。取り上げたのは全員何らかの形で会社などに雇用されている方たちだ。

もちろん、雇用する側の経営者にも高齢になってなおイキイキと働いておられる方が多くいらっしゃることは当然承知している。しかし、今回あえて雇用されている人に限定したのには理由があった。

法律上の雇用義務年齢を超えてなお必要とされ雇用されるということは、本人の希望のみならず雇用する側である会社の意向も必要である。だから、そのような人たちは経営者とはまた違った魅力を持つ人たちであり、それなりの努力もされていると思ったからである。

取り上げた方の最高齢は81歳だったが、人によっては介護施設で生活されていても不思議ではない年齢ながら、孫くらいの歳の離れた人たちと、何の違和感もなく一緒に働いておられた。

取材は直接ご本人や会社の方にお会いし、主に次の5項目についてインタビュー形式で行った。

なお、年齢は取材当日の年齢、勤務歴は現在の会社の勤続年数である。

❶ 今の会社に就職し現在に至る経緯など
❷ 仕事をしていて良いこと、苦労話など
❸ 仕事をするうえで心がけていることなど（モットー）
❹ 会社や同僚などからのひと言、その他
❺ 趣味、生きがい、ストレス解消など

ところで、今回取り上げた方々に共通するところがいくつかあったが、主には次の5つである。

・ 穏やかながら明るく職場に溶け込んでおられる

- 人や会社の役に立っていることに感謝している
- 後ろ向きなマイナス言葉が少ない
- 元気でイキイキされている
- 会社や同僚などとの信頼関係が強い

現在、法律上の雇用義務は原則として65歳であり、それ以降は本人が希望しても会社として雇用する義務はない。

しかし、一般に義務というと仕方なくというイメージが強くなるが、今回の7人の方に限っては全くそのような感じはせずに、どちらかといえば〝欠かせない人材〟という印象を強く受けた。

もちろん、働いておられる7人の方にも、会社には雇用義務があるから、自分を雇って当然などという変な権利意識は微塵《みじん》も感じない。それどころか、働ける機会があってありがたいと、皆さん異口同音に感謝の言葉が出てきた。だからこそ、年齢など気にせずに良好な雇用関係が維持できているのだと確信する。

今回取り上げたような方たちは、目立たなくても日本中にたくさんいらして、職場や地域においてなくてはならない存在だと思う。まさに日本の宝であり心より称賛したい。

以上のことから、今回の事例が、働く人や雇う側である会社にとって何らかのご参考になれば幸いである。

男性型職場から女性型職場へ180度大転身の園長先生

大野金徳《かねのり》さん（68歳）

大野さんは、体格も良く一見怖そうな感じもするが、話してみるとユーモアもあり、園児たちを見守る横顔は目じりも下がり、アンパンマンのジャムおじさんのような優しい人だ。
しかし、仕事になると、38年間現場で培《つちか》われた妥協を許さない土木技術者の目となる。コンクリートから人へ、まさに大きな転身だ。

❶ 今の会社に就職し現在に至る経緯など

38年間、建設会社で橋梁、道路改良、港湾などの土木施工管理業務に携わり、60歳定年を機に退職した。再雇用制度はあったものの、上位の役職者でもあったことから、後輩がやりづらいだろうと、再雇用は希望しなかった。

その後、65歳までは、今の保育園で理事長職を務めていたが、前任者の退職ならびに地域や行政からの要請により現場の実務責任者である園長に就任し現在に至る。

❷ 仕事をしていて良いこと、苦労話など

毎日、小さな子どもたちの元気な姿に接しているとこちらまで元気になるし、その成長過程を見守るのが楽しみ。また、保育園は行事も多く、適度のストレスが自分自身の健康の源泉となっている。

64歳になってから受講した「社会福祉施設長資格認定講習」には苦労したと言う。

園長である施設長になるには、法令等の定めにより1年間の通信教育（面接授業7日間を含む）が必要だが、64歳からの受講には結構ハードだった。

また、前職は男性型職場だったが、今の職場は典

型的な女性型であり１８０度違う職場環境に戸惑うことも多かった。しかし、今はそのような戸惑いもなくスムーズに仕事ができている。

❸ 仕事をするうえで心がけていることなど（モットー）

もちろん、自分の健康管理も大切だが、お預かりしている園児の事故、病気などには特に注意している。また、部下である職員たちには意識して公平に接するようにしている。

これから60歳を迎える人に対してのひと言として、「特に小さな子どもに接する仕事は、包み込むような優しさが必要であり、どちらかといえば人生経験豊富で包容力のある60代に向いている仕事といえる」。

❹ 会社や同僚などからのひと言、その他

前職は全く違う業種だったからこそ考え方が斬新であり、バースデー休暇の導入など、職員たちからも評判が良い。

また、「自分は事務的なことは経験がなく分からないから」と、職員に対しても謙虚に向き合う姿勢が職場全体の雰囲気を和《なご》ませているようだ。

❺ 趣味、生きがい、ストレス解消など

保育園は、地域の子育て支援の中核施設であるため、役職指定により各種委員などへの就任が要請される。たしかに、大変な仕事ではあるが、地域（人）のお役に立つというのは、生きがいにもなっている。

また、毎晩欠かさない焼酎の晩酌で一日の疲れは吹っ飛ぶ。

大野金徳さん

昭和23年12月26日生まれ（68歳）
社会福祉法人（保育園）
園長　勤務歴８年

頼りになる、おかあちゃん警備員さん

小川登喜子さん（73歳）

小川さんは、とにかく人の良い気さくな方だ。

警備員という仕事柄、仕事中はきりっと厳しい顔をしているが、休憩時間や仕事を終えると、日焼けした顔をくしゃくしゃにした笑顔に親しみを感じる。

そのようなことから、現場の若い社員から母親のように慕《した》われているとか。

警備員の仕事は、夏は炎天下、冬は寒い中での仕事であり、高齢者、特に女性にはきつい仕事だ。しかし、そのようなことを物ともせず、毎日休むことなく頑張っているところに会社からの信頼も厚い。

一方、小川さんも「高齢者を使ってもらって助かる」と会社への感謝も強く、当然、お互いの関係は良好であることは容易に想像できる。

❶ 今の会社に就職し現在に至る経緯など

生花店に勤めた経験を活かして、15年ほど前に生花店を創業したもののうまくいかず、やむを得ず就職することになった。

当時は、事業失敗のためにご迷惑をかけた債権者に申し訳なく、人に会うのが辛く、また年齢もすでに58歳となっており仕事を探すのもひと苦労だった。

そのような中、ハローワークの求人に出ていた現在の会社へ面接を受けに行ったところ、現会長（当時社長）に、事業失敗の事情や年齢を承知のうえで、快《こころよ》く受け入れていただき現在に至っている。

❷ 仕事をしていて良いこと、苦労話など

今の仕事は、通信工事会社に同行して工事現場の警備だが、個人宅が現場なので、毎日いろいろな場

所に行けるので退屈しないところが良い。

また、仕事の発注先である通信工事会社の社員たちは30歳前後の人たちが多く、親子のような関係で言いたいことが遠慮なく言える。

そして何より、朝は少々きつくても、制服に袖をとおしただけで気持ちがシャキッとする。

工事現場が個人宅なので、車を止める場所など何かと気を遣うところに苦労する。

❸ 仕事をするうえで心がけていることなど（モットー）

とにかく、大きな声で挨拶《あいさつ》することを心がけている。

「こんにちは」「お世話になります」「ありがとうございます」これで大体のことはうまくいく。

これから60歳を迎える人に対してのひと言として、「職場の人などとのコミュニケーションが大切だと思う。それと、あまり人に逆らわないこと」。

❹ 会社や同僚などからのひと言、その他

会社の評価は、人の良いおばちゃんだ。小川さんがいらっしゃるとその場が和《なご》み、みんながホッとする。

発注先である工事会社の評判も良く、その結果として ほぼ専属となっている。

会社としては頼りになる大きな戦力だ。

❺ 趣味、生きがい、ストレス解消など

昔は、よく魚釣りに行っていたが、目が衰え針に餌をつけるのがしんどいので、最近はご無沙汰だ。

また、言いたいことは溜めないようにしている（時事放談ならぬババ放談だとか）が、それで衝突しても日頃の関係ができていればすぐに修復できる。

小川登喜子さん
昭和18年２月24日生まれ（73歳）
警備会社
警備員　勤務歴15年

人情派事務長は仕事も晩酌も現役バリバリ

川越敏行さん（74歳）

川越さんは、とにかく人当たりが良いというか、人の痛みの分かる人だ。

前職の営業マンからの転身だが、経営者や職員、取引業者からの信頼は抜群であり、先代から二代にわたって仕《つか》え、病院を支える人情派事務長である。

農家の三男として生まれ、小さな頃から言うに言えない苦労は数え切れず、それがあるからこそ、人への感謝や思いやりが人一倍強いのかもしれない。

カラオケの十八番《おはこ》は井沢八郎の『あゝ上野駅』だとか。人情派事務長の始まりも、ここからだったようだ。

❶ 今の会社に就職し現在に至る経緯など

約40年勤務した医薬品・医療機器販売会社から現在の病院に出向したのは56歳の時である。

当時、病院には建て替え計画などがあり、管理体制の強化が急がれていた中、先代理事長から白羽の矢が立った。

通常の出向では、2～3年勤務、長くても60歳で辞めることが多いが、病院側からの強い要望で直接雇用、その後も再三の勤務延長があり現在に至っている。

❷ 仕事をしていて良いこと、苦労話など

多くの素敵な職員たちと出会えたことが財産になっている。また、前職では主に営業畑一筋で、営業の目から病院という業種を見ていたが、今は逆に病院から営業を見ることができたことで、人はいつ何時立場が変わるか分からないと身を持って分かった。

前職の男性型職場から女性型職場へと、雰囲気が一変し当初は戸惑うこともあった。また、いわゆる人事・労務管理の経験がなく苦労した。しかし、性別を問わず人の本質は同じだと実感してからは、気負いもなくなり、前職の支店長時代に実践した報・連・相の励行《れいこう》、人の気持ちへの配慮などすべてが今の仕事に活かされている。

❸ 仕事をするうえで心がけていることなど（モットー）

まず、みんなと平等に接すること。職員には当然、患者さんや出入りの業者さんにもそのようにしている。また、とかく暗くなりがちな病院という業種柄、日頃から明るく前向きに取り組むようにしている。

これから60歳を迎える人に対してのひと言として、「年齢に関係ないとは思うが、人から信用される前に、こちらから人を信用することを心がければ、自然に人間関係が好転するし、人生も拓ける」。

❹ 会社や同僚などからのひと言、その他

前職時代からの人脈は幅広いうえに、病院内はもちろん関係者からの人望も厚く、また、外部との渉外力は卓越《たくえつ》しており、「もうそろそろ、ゆっくりしたい」という思いは当分実現しそうにもない。

❺ 趣味、生きがい、ストレス解消など

家族揃って家庭菜園を楽しむこと。実家の「房子《ふさこ》農園」（義姉に感謝を込め、その名前を冠してこう呼ぶらしい）を借りて毎週土・日曜日に汗を流す。

また、異業種交流会、前職のOB会などに積極的に参加している。晩酌は今も現役で、焼酎の水割りを中ジョッキで2杯は毎晩欠かさない。

川越敏行さん

昭和16年９月２日生まれ（74歳）
病院
事務長　勤務歴19年

頼りになる私たちみんなのお手本

橋本タカ子さん（73歳）

橋本さんは、真面目で几帳面なタイプの人だ。

仕事は精肉カットなどの加工や接客販売を担当している。

お店は対面販売を売りにする精肉店で、店内は経営者家族や他の従業員とともに和気あいあいで、雰囲気がとても柔らかい。

はにかみながら、話す素振りからファンのお客さんも多いそうだ。しかし、ひとたび包丁を握ると背筋もすっと伸びて仕事人の顔になる。

❶ 今の会社に就職し現在に至る経緯など

33歳の時に知人の紹介で入社し17年間勤務していたが、家庭の事情で転職を余儀なくされることに。その後、別の会社2社に勤めたが定年などもあり60歳で退職した。その勤務していた時も、繁忙期にはよくアルバイトをさせていただいた。

そして、5年前に現在の勤務先に再就職して現在に至る。

❷ 仕事をしていて良いこと、苦労話など

若い人たちと接することで自分自身が元気になる。また、知らないことも多いが、仕事をしていることにより勉強の機会もできるので成長できる。また、人から必要とされているということを感じることが何より嬉しい。さらに、朝はお化粧など身だしなみも必要なので生活がシャキッとするし、限られた時間を有効に使わなくてはならないので家事もはかどる。

苦労したことは特にない。同じ年齢の人は、足腰が弱っている人も多いが、今のところ立ち仕事も苦にならない。

❸ 仕事をするうえで心がけていることなど（モットー）

対面販売でお客さんと接することも多いので、気持ち良く接することを心がけている。また、耳が少々遠くなり、外にいらっしゃるお客さんの声が聞き取りにくいこともあるので、分からない時は聞き直すようにしている。

これから60歳を迎える人に対してのひと言として、「働き続ける理由は人それぞれだろうが、それが何であろうと働く場所があればできるだけ働いていたほうが、体のためにもなるし勉強になる」。

❹ 会社や同僚などからのひと言、その他

仕事以外に人生のアドバイスもしてもらえ、頼りになる大先輩とのこと。真面目で几帳面、何事にもコツコツと取り組むタイプの橋本さんは、接客においてはニコニコとサービス精神たっぷりであり、見習うべき点が多く、みんなのお手本だ。これからも健康に気をつけて、頑張ってもらいたい。

❺ 趣味、生きがい、ストレス解消など

昔は卓球をやっていたが、今は友だちとランチに行ったり、お芝居を見に行ったりする。演劇と歌が好きだ。歌は演歌が大好きで、特に川中美幸、美空ひばり、北島三郎、五木ひろしの歌をよく聴く。

先々代から仕えて、現在は三代目社長だ。すでに四代目も一緒に働いており、若い四代目をいついつまでも応援していくことを、とても楽しみにしているという。

橋本タカ子さん
昭和18年８月９日生まれ（73歳）
精肉店
加工・販売員　勤務歴23年

往年の名《めい》セカンドは人脈多く円熟味を増すホテル営業マン

杉尾秋美さん（65歳）

杉尾さんは、いぶし銀のような営業マンだ。ダークスーツにネクタイをきりりと締め、背筋もシャキッと伸びて、まさにホテルの営業マンそのものである。

高校・大学時代と、さらにその後も草野球をされていたそうだが、スポーツマンらしくさわやかな印象だ。そのようなことを通じて人脈をコツコツ築かれて来たのだろう。

また、本人は「高校の先輩や後輩に恵まれていました」と控えめに話されるところに、人望厚く人脈の多さがうなずける。野球選手でいうなら、少々古いが元巨人の土井正三選手だろうか。

❶ 今の会社に就職し現在に至る経緯など

地元の大手ホテルに30年勤務後、定年前に今の会社に転職し、前職から引き続き営業畑一筋だ。

現在の会社で60歳定年後も65歳までは勤務延長により定年前と同じように勤務し、会社規定により65歳以降は月15日の短時間勤務となり現在に至っている。

❷ 仕事をしていて良いこと、苦労話など

仕事をすることで元気がもらえること。仕事をしていない同い年の人に会うとあまりの老いように驚く。また、今まで営業畑一筋、お付き合い上必須だったゴルフ、マージャンが覚えられたこと。もちろん、ゴルフはシングルとか。「趣味と実益を兼ねられました」とのこと。また、これまで営業マンとして積み重ねられた数多くの人脈という財産ができた

が、継続してきたことが良かった。

今までの仕事の中で培った人脈により、お客様の蓄積があるので仕事上の苦労はさほどない。

ただ、寄る年波には勝てず、体力の衰えは感じるが、幸い短時間勤務になったのでちょうど良い。

❸ 仕事をするうえで心がけていることなど（モットー）

何があっても、お客様に迷惑をかけないことを昔からモットーにしているので、特に健康管理には注意している。また、営業マン魂なのか、会社の売上に貢献したいという思いは人一倍強い。

これから60歳を迎える人に対してのひと言として、「営業という仕事は、どれだけお客様を知っているかで決まるので、60歳になったからといって急になくなるものではない。だから、若い頃から人脈という貯金を継続されたら良いと思う」。

❹ 会社や同僚などからのひと言、その他

杉尾さんは、若い頃から大手のホテルにお勤めされていただけあって、組織人としての働き方を心得られており、同僚などからの評判も良いようだ。高校、大学と野球をされたスポーツマンで、そこで培われたチームワーク精神が活かされていることは間違いない。

❺ 趣味、生きがい、ストレス解消など

半分は仕事も兼ねているが、月に2～3回のゴルフ、前職のOB会なども良い気分転換となっている。

健康で仕事を続けられることが生きがいであり、お客様からいただく「ありがとう」のひと言がやる気につながるとのこと。

杉尾秋美さん

昭和25年12月９日生まれ（65歳）
ホテル
営業マネージャー　勤務歴11年

ますます円熟味を増す81歳現役縫製工は会社の宝

前田エツ子さん（81歳）

前田さんは、小柄ながら雰囲気はとても明るく語り口も大変軽快で、ひと回りもふた回りも大きく感じる。工業用ミシンは速度も速く、製品の品質が厳しく求められる中にあって、孫くらい歳の離れた人たちと一緒のラインでミシンに向かう姿を見ると、「百歳現役」も夢ではないのではないかと思う。

私生活では、老人クラブからしょっちゅう勧誘があるらしいが、「まだ早い、仕事を辞めてからね」と年下の会員を追い返すところが前田さんらしい。

❶ 今の会社に就職し現在に至る経緯など

昭和49年の会社創業と同時に採用された生《は》え抜《ぬ》きである。当時は子育ての真っ最中だったが、元来手先を使う手芸などの細かなことが好きだったことと、知人の勧めもあって入社した。

62歳定年後の再雇用もとっくに過ぎたが入社以来42年間、まだまだ現役の縫製工である。

❷ 仕事をしていて良いこと、苦労話など

健康に良いし仕事が励みになる。仕事で体を動かすからこそ、年齢的に悩まされる人が多い腰痛もない。また、職場のお友だち同士で食事や旅行に行けたりして楽しい。

ただ、新しい縫いのパターンや機械が変わったときに慣れるまでが大変だった。また、新しい生地への対応にも苦労する。

会社の創業当初は人手が足りずに休日出勤が多く、小さかった子どもたちを工場に連れて来て仕事をしたこともあったが、今となっては懐かしい思い出だ。

❸ 仕事をするうえで心がけていることなど（モットー）

納期を厳守すること。特に、経営者（管理者）が不在の時ほど、生産量を上げるように心がけている。陰日向がないことがモットーだ。また、後輩が失敗した時などはガミガミ言わずに、みんなでフォローするような雰囲気、「和」を大切にしている。さらには、自主的に作業内容と実績を毎日、日報に記録して反省し、昨日より今日、今日より明日へと向上していくようにしている。

これから60歳を迎える人に対してのひと言として、「健康管理と責任感を持つこと」。

❹ 会社や同僚などからのひと言、その他

経営者とは創業時から苦楽をともにされており、雇用関係というより同志といった感じである。会社の就業規則上は62歳定年、65歳までの再雇用だが、前田さんの好実績により、後に続く人たちも65歳を過ぎて引き続き働く人がほとんどだ。

経営者は口ぐせで「前田さん、工場の中でだけは倒れんとってな」、などと平気で言えるほど良好な信頼関係が保たれている。

❺ 趣味、生きがい、ストレス解消など

「職場環境が良いからこそ働かせてもらえる」と会社に感謝しながら働くことが生きがいだとか。

また、編み物や小物づくりが好きなので、いろいろつくって同僚などに差し上げると、もらった人から喜ばれることが嬉しい。大学3年生を頭に5人の孫の成長も楽しみだ。

前田エツ子さん

昭和10年１月25日生まれ（81歳）
シャツ縫製会社
縫製工　勤務歴42年

居てくれるだけで存在感のある総務課長

長澤秀昭さん（73歳）

長澤さんは、とにかく語り口が柔らかく、経営者や同僚からも人望が厚い。
また、年齢にしては間違いなく肌つやが良い。
物静かではあるものの、前職が大手メーカーの技術者だっただけに、仕事の進め方や言動は理路整然としている。また、パソコンやファイリング技術は社内で右に出る者はいないそうだ。

❶ 今の会社に就職し現在に至る経緯など

大手メーカーにおいて、機械の保全業務一筋に35年間勤務、体調を崩して定年を前に早期退職した。その後、他のビルメンテナンス会社へ勤務し、6年前、ハローワークの紹介で現在の会社に就職した。

当時、すでに65歳を超えていたが、前職での経験や保有資格などが活かせたらと思い入社を希望したところ、快く受け入れていただいた。なお、業種的に65歳以上の従業員が4割以上を占め、年齢的に遠慮がいらないことも大きな要因で現在に至っている。

❷ 仕事をしていて良いこと、苦労話など

何といっても健康に良い。働いているからこそ、毎日規則正しい生活をするので病気になる暇がないし、書類を作成したり、他の従業員とのコミュニケーションを図《はか》ったりするので頭を使い、ボケ防止にもなっている（笑）。そして、何より人様の役に立っていることが嬉しい。また、何歳になっても雇っていただける経営者に出会えたことに感謝している。

苦労したことは特にないが、歳とともに瞬発力がなくなってきたのは確かだ。

❸ 仕事をするうえで心がけていることなど（モットー）

すべてのことに対して正直であること。表裏をつくらないことがモットーとのこと。また、健康に気をつけられていて、毎日持参される愛妻弁当と特製のお茶は社内でも評判だ。肌つやの良さは、このために違いない。

これから60歳を迎える人に対してのひと言として、「いくら頭が良くても体力がないとダメだから、まずは体力の保持が大切だ。また、歳を取ると知らず知らずに頑固になりやすいが、順応性・協調性もないと職場で浮いてしまう」。

❹ 会社や同僚などからのひと言、その他

会社に居てくれるだけで安心感のある人で、仕事への意欲は社内ナンバーワンだという。また、仕事に対する責任感も強く、従業員みんなのお手本となっている。それに、物腰が柔らかく話を聴いてもらいやすいので悩みごとなどを長澤さんに話すだけで問題の8割は解決する。そのようなこともあって特に女性従業員のファンが多い。会社にとっては、絶対に手放せない人だ。評価をひと言で言うなら「フランク永井」だとか。その心は、〝そばにいてくれるだけでいい〟。

❺ 趣味、生きがい、ストレス解消など

以前は囲碁を打ったりしていたが、今は相手がいないので、たまにテレビを相手に打っている。また、小さいながら庭いじりも気分転換の一つ。適度なストレスはかえって生活の張りになっている。

長澤秀昭さん
昭和18年８月20日生まれ（73歳）
ビルメンテナンス会社
総務課長　勤務歴６年

おわりに

今年開催されたリオデジャネイロ・オリンピック、陸上男子400メートルリレーで、日本は初の銀メダルを獲得したが、100メートル9秒台が1人もいないチームの走りは世界に衝撃を与えた。勝因は無駄のないバトンパスだといわれているが、まさにお互いを信頼しあったチームワーク力《りょく》である。

会社においても、個々の能力もさることながら、重要なのはチームとして成果を挙げることだ。力仕事や瞬発力の必要な仕事は若い人が、そして判断や交渉ごとは経験を積んだベテランが行う。まさにチームワークである。

そのチームワークを高める方策にはいろいろあるとは思うが、まずは会社や従業員同士の安心感、信頼感ではないだろうか。そういう点からも、勤続年数をベースに、長期的視点で人材を育てて活かす年功序列というのは理想的な制度である。

本書では、60歳定年とその後65歳までの継続雇用、とりわけ再雇用を前提にして節目に行うべき手順を提案・解説した。ほとんどは、会社をできるだけ好きになってもらい、1年でも長く勤務していただくことを主な目的としている。中小企業においては、人選して雇用するというよりも、引き続き働いてもらえる人から会社を選んでもらうと考えたほうが現実的だからだ。

会社を好きになってもらうのに魔法の杖などなく、よほどカリスマ的な経営者以外は、やはり当たり前のことを当たり前にコツコツと手順を踏むしかない。

ご紹介した川越式定年・継続雇用手順をご覧になり、「何でこんなことまでしないといけないのか」などと思われた方も多いのではないだろうか。しかし、今はここまでしておかないと、会社にいてほしい優秀な人から辞めていき、そうでもない人が残ってしまう時代だ。

今後、少子・高齢化はさらに進むだろうが、そうなると60歳以降の雇用関係をいかにイキイキさせられるかが、企業経営の大きなカギを握るのは間違いない。

したがって、川越式定年・継続雇用手順を適切かつ確実に実行し、ベテラン社員を大切に扱っていただければ、若い従業員も会社への安心感・信頼感を高め職場の雰囲気はグンと良くなる。若い従業員にとっても明日は我が身なのだ。結果として、ベテラン社員を大切に扱うことが良い会社づくり・組織づくりにつながるのである。

今回の出版に当たって、業務多忙な時期に私の執筆を支えてくれた家族と事務所スタッフ、事例の取材を快く引き受けてくださった皆様、ならびに本書の制作・出版に関わっていただいたすべての皆様へ、心より感謝申し上げ結びとしたい。

平成28年9月

社会保険労務士　川越　雄一

参考文献等

『日本でいちばん大切にしたい会社1～5』（坂本光司著、あさ出版、2008年～2016年）
『経営者の手帳』（坂本光司著、あさ出版、2010年）
『終わった人』（内館牧子著、講談社、2015年）
「平成27年就労条件総合調査」（厚生労働省）
「平成27年賃金構造基本統計調査」（厚生労働省）
「労働経済動向調査（平成28年5月時点）」（厚生労働省）
「平成27年度過労死等の労災補償状況」（厚生労働省）
「人口動態統計」（厚生労働省）
「平成26年簡易生命表」（厚生労働省）
「平成26年度厚生年金保険・国民年金事業の概況」（厚生労働省）
「平成24年就業構造基本調査」（総務省）
「60代の雇用・生活調査（平成26年調査）」（独立行政法人労働政策研究・研修機構）
「平成27年度生命保険に関する全国実態調査」（公益財団法人生命保険文化センター）

＜著者紹介＞

川越 雄一（かわごえ・ゆういち）

社会保険労務士

1958年宮崎県生まれ。1991年に社会保険労務士を開業し、企業の労務指導に携わる。「人を大切にする経営」をベースにした指導は実践的で分かりやすいと評判が良い。また、月２本配信中のメールマガジン「割烹着社労士 川越雄一・労務のかくし味」は内容が中小企業にぴったりと全国に読者が多い。著書に『小さくてもパートさんがグッとくる会社』（労働調査会）がある。人を大切にする経営学会会員。

ベテラン社員さんがグッとくる“終わった人”にさせない会社
― 50・60代を輝かせる熟練社員活用指南書 ―

平成28年10月27日　初版発行

著　者　川越 雄一
発行人　藤澤 直明
発行所　労働調査会
〒170-0004 東京都豊島区北大塚2-4-5
TEL 03-3915-6401
FAX 03-3918-8618
http://www.chosakai.co.jp/

企画・編集協力　インプルーブ 小山睦男
ISBN978-4-86319-581-3 C2030